개밥책

개
밥
책

반려견을 위해 쉽고, 건강하게 만든 **자연식 레시피**

김재경 지음　**정설령** 감수

이 책은 한 사람과 한 멍멍이가 만나면서 시작되었어요.

CONTENTS
차 례

12 가족 소개 재경 & 마카롱
14 PROLOGUE 나의 반려견에게 먹는 기쁨을 선물하자!

PART 1
홈메이드 자연식, 알고 시작하자

CHAPTER 1. 첫 만남
26 +story 01 "너와 만난 순간을 잊을 수가 없어!"
28 01 자연식, 어떻게 할 것인가
32 02 자연식 필수 과정, 알레르기 테스트
36 03 자연식에 대한 궁금증을 해소하는 Dr's Q&A

CHAPTER 2. 생식 시작하기
42 +story 02 "맛있게 먹어 주는 너의 모습에 행복해"
44 01 생식 시작 전 주의사항 체크하기
45 02 강아지에게 필요한 영양소
54 03 반려견이 먹어도 되는 식품
58 04 반려견이 먹으면 안 되는 식품
62 05 강아지 질병과 식품의 관계

CHAPTER 3. 밥은 언제 어떻게 줄까
66 +story 03 "밥 먹는 시간을 정확히 알다니…!"
68 01 재료 손질 Tip!
72 02 급여량과 급여 방법

PART 2
홈메이드 자연식, 이렇게 만들어 보자

CHAPTER 4. 밥 만드는 날

82 +story 04 "부모가 되는 일이 이렇게나 힘든 일이라니…"

86 know-how 01 달걀 칼슘 파우더
88 know-how 02 멸치 파우더
89 know-how 03 연어 파우더
90 know-how 04 황태 파우더
92 know-how 05 닭 파우더
93 know-how 06 소고기 파우더
94 know-how 07 아마씨 파우더
96 know-how 08 현미 파우더
know-how 09 오트밀 파우더
97 know-how 10 병아리콩 파우더

CHAPTER 5. 마카롱의 주식, 생식

102 +story 05 "이제는 능숙하게!"

106 Recipe 01 코티지 치즈
108 Recipe 02 채소 퓌레
110 Recipe 03 생고기 + 채소 퓌레
112 Recipe 04 수제 사료 - 소고기

CHAPTER 6. 물고 뜯고 맛보는 간식, 저키

118 +story 06 "이빨이 나오나 봐요! 잇몸이 간지러워요!"

124 Recipe 05 고구마 스틱
126 Recipe 06 소 떡심 저키
128 Recipe 07 돼지 껍데기 저키
129 Recipe 08 돼지 귀 저키
130 Recipe 09 우족 저키
132 Recipe 10 닭 가슴살 저키
134 Recipe 11 닭 근위 저키
136 Recipe 12 닭 목 저키

CHAPTER 7. 힘이 불끈, 특식

142 +story 07 "예방접종 하는 날은 기운이 없어요"

144 Recipe 13 힘내 단호박 단지
146 Recipe 14 호랑이 기운이 솟는 죽
148 Recipe 15 꿀꿀 스테이크
150 Recipe 16 음매 스테이크
152 Recipe 17 달걀을 품은 미트로프

CHAPTER 8. 소풍을 위한 맞춤간식, 쿠키

158 +story 08 "소풍, 소풍 가요!"
160 Recipe 18 황태 쿠키
162 Recipe 19 고구마 쿠키
164 Recipe 20 치즈 쿠키
166 Recipe 21 단호박 쿠키
168 Recipe 22 연어 쿠키
169 Recipe 23 음매칩 쿠키
170 Recipe 24 멸치 쿠키
171 Recipe 25 꼬꼬 쿠키

CHAPTER 9. 특별한 날, 생일

180 +story 09 "오늘은 마카롱 생일이에요"
184 Recipe 26 생일 케이크
186 Recipe 27 타르트지
188 Recipe 28 파인애플 타르트
190 Recipe 29 채소 타르트
192 Recipe 30 음매 타르트
194 Recipe 31 꼬꼬 타르트
196 Recipe 32 연어 타르트
198 Recipe 33 바나나 블루베리 비스코티
200 Recipe 34 코코넛 볼

CHAPTER 10. 환절기 대비 보양식

204 +story 10 "환절기 싫어! 감기도 싫어!"
206 Recipe 35 배 주스
208 Recipe 36 테라볼(찰랑이는 머릿결 볼)
210 Recipe 37 속 편한 죽
212 Recipe 38 더워야 물러가라 아이스크림
214 Recipe 39 추워야 물러가라 스튜

218 EPILOGUE 반려견과의 행복한 삶을 위하여!

가 족 소 개

macaron
안녕하세요, 마카롱입니다!

|이름| 마카롱
|생년월일| 2014년 4월 26일
|성별| 수컷이지만… 그렇지만… 음… 슬프게도…
지금은 중성…
|몸무게| 4kg
|견종| 꼬똥 드 툴레아
마다가스카르의 자연교잡종.
이름의 뜻은 '툴레아 지방의 솜'.
목화솜 같은 털은 유분기가 없어 매우 건조하지만
알레르기 유발 요소가 적다.
그래서 개 특유의 냄새가 심하지 않다.
평균 수명은 16년 정도로 긴 편이며, 인간의 목적에
의해 탄생한 종이 아닌 자연교잡종이기 때문에
건강한 체질을 지녔다. 잔병치레도 적다.

|성격| 호기심이 아주 많다.
하지만 그것보다 더 많은 건 겁….
무언가 궁금한 게 생겼을 땐 콧구멍을 벌름거리며
고개를 좌우로 가우뚱거린다.
달리기 속도가 너무 느려서 다른 친구들과 놀 때
늘 꼴등이고 장난감을 뺏기기 일쑤지만, 겁이 나는
상황에서는 빛의 속도를 내곤 한다.
겁이 많아서 어딘가에 뛰어오르지도 뛰어내리지도
못하지만 아주 다급한 상황이나 더 겁이 나는 상황에
맞닥뜨리면 초견적 힘을 발휘해 뛴다.
평소에는 온화하고 잠이 많다.
무뚝뚝하다가도 가끔 폭풍애교로 주인과 밀당을 아주
잘하는 츤데레 견이다.

재경 & 마카롱

JAEKYUNG
안녕하세요, 마카롱 엄마 김재경입니다!

이름 김재경
성격 세심하기보다는 털털하고 자유분방한 엄마. 카롱이가 아주 어렸을 때는 카롱이만큼 겁도 많고 걱정도 많은 소심한 엄마였지만, 계속 겁쟁이 소심한 엄마로 카롱이를 키우다가는 자신의 삶도 카롱이의 성격도 다 망가질 것 같아서 쿨한 엄마가 되려고 노력하는 중이다.
지금은 예전에 비해 쿨한 엄마가 되었다. 예를 들어 산책 중에 만난 다른 멍멍이와 시비가 붙으면 말리지 않고 그냥 기다린달까? 알아서 서로가 서열 정리를 할 때까지 기다리고 이기면 이기는 대로 축하를, 지면 지는 대로 위로를 해주곤 한다.
좋게 말하면 카롱이의 삶을 존중해 주는 편이다.
그래서 카롱이는 다른 강아지에 비해 매우 독립적이다. 잘 때도 나는 내 침대에서, 카롱이는 카롱이의 침대에서.
하지만 카롱이의 식생활과 관련된 부분에서만큼은 극성인 엄마다. 먹는 것만큼은 최고로 잘해 주고 싶다. 덕분에 이 책을 쓰게 되었다.

PROLOGUE

나의 반려견에게
먹는 기쁨을 선물하자!

프롤로그

마카롱을 만나기 전, 애견 카페를 방문해 여러 강아지를 만나며 반려견을 키우고 싶은 마음을 달래곤 했다. 그때마다 유독 눈에 들어오는 강아지들이 있었다. 일명 '때깔 좋은 강아지'였다. 여기서 '때깔 좋다'는 펫숍에서 비싼 가격에 분양되고 있는 예쁜 강아지를 가리키는 것이 아니다. 다부진 골격, 빛나는 모질, 넘치는 에너지까지 딱 봐도 건강함이 느껴지는 그런 강아지들을 말하는 것이다. 이렇게 나를 사로잡은 때깔 좋은 강아지들에게는 놀랍게도 한 가지 공통점이 있었다. 바로 사료를 먹지 않는다는 것이었다.

그때까지 "개는 사료만 먹어야 오래 산다"는 말을 굳게 믿고 있던 나에게는 충격적인 일이었다. 반려견을 키우고 싶은 마음에 한창 공부를 하던 때라 궁금함과 호기심이 더욱 커졌다. 그래서 '때깔 좋은 강아지'를 키우는 견주들에게 사료 대신 무엇을 먹이는지 물었고, 공통적으로 "자연식을 먹인다"라는 답을 들었다. '자연식'은 나의 식생활에서조차 시도해 본 적이 없었기에 매우 생소하게 느껴졌다. 그래서 자연식에 대해 공부하기 시작했고, 이때 만난 책이 앤 N. 마틴의 《개, 고양이 사료의 진실》이었다. 사료는 무엇으로 어떻게 만들어지는지에 대해 써놓은 이 책을 읽고 이전보다 훨씬 더 진지하게 '나의 반려견에게 무엇을 먹일 것인가'라는 고민에 빠지게 되었다.

책 내용을 간단하게 요약하면 '사료=인스턴트'였다. 만약 부모님이 나에게 평생 인스턴트 음식만 주신다면 어땠을까? 정말 끔찍한 상상이 아닐 수 없다. 그런데 대부분의 강아지에게 이 끔찍한 상상은 곧 현실이기도 하다. 여러 가지 내용을 알게 되면서 내린 결론은 "나의 반려견에게 나도 먹

PROLOGUE

을 수 있는 진짜 '음식'을 만들어 주자!"였다. 영양이 충분하게 들어 있고, 밥을 먹는 기쁨도 느낄 수 있는 음식을 선물하고 싶었다. 이것이 마카롱에게 자연식을 시작하게 된 계기다.

물론 누군가는 "개 한 마리 키우는데 왜 이리 유난이냐"라고 말할 수도 있겠지만, 나에게 반려견은 가족이다. 사랑하는 사람들이 만나 가족이 되고 삶을 함께하듯이, 나는 마카롱을 만나 가족이 되었고 끝까지 함께하겠다고 다짐했다. 더욱이 마카롱이 나에게 주는 위안과 행복을 생각하면 이 정도의 노력은 전혀 힘들지도, 아깝지도 않다.

그럼에도 자연식을 시작할 때는 고려해야 할 사항이 많다. 첫 번째는 사료를 급여할 때보다 시간이 많이 필요하다는 사실. 또한 사료보다 비용도 더 들고, 자율 급식이 가능한 사료와 달리 신선도를 위해 시간에 맞춰 급여해야 하는 번거로움도 따른다. 그래서 끝까지 할 자신이 없다면 아예 시작을 하지 말라고 권한다. 자연식을 급여하다가 포기하고 사료로 바꿀 경우 강아지가 사료를 잘 먹지 않고 심한 밥투정을 할 수도 있기 때문이다.

자연식을 결정하기 전에 잘 먹고 사는 것이 나만의 문제가 아니라 나와 함께 사는 가족인 반려견에게도 중요한 문제임을 인지하고, 현실적 고민도 충분히 해야 한다. 나 역시 2년 가까운 시간을 진지하게 고민한 후에 마카롱의 자연식을 선택했다.

이 책의 내용은 결과적으로 내 고민의 한 부분이다. 그래서 누군가에게는 이해가 안 되는 내용일 수도 있고, 누군가에게는 단순히 레시피가 담긴 책일 수도 있겠지만, 나에게는 '카롱이에 대한 고마움을 담은 편지'와 같다. 어디선가 나와 같은 마음으로 반려견과의 더 행복한 하루를 꿈꾸고 있는 이들에게 이 편지가 도움이 되었으면 좋겠다.

1. 첫 만남
2. 생식 시작하기
3. 밥을 언제 어떻게 줄까

CHAPTER 1

THE FIRST MEET

첫 만남

고심 끝에 만나게 된 새로운 가족
새 가족을 위해 시작한 일, 자연식

story 01

"너와 만난 순간을 잊을 수가 없어!"

마카롱's say

나는 2014년 4월 26일에 태어난 '꼬똥 드 툴레아' 마카롱입니다. 이름이 조금 어렵죠? 사람들이 그러는데 '툴레아 지방의 솜'이라는 뜻이래요. 내가 봐도 나는 솜뭉치를 닮은 것 같아요. 털도 솜처럼 희고 가늘고 건조해서 정전기 대마왕이죠. 원래 내 고향은 저 멀리 마다가스카르지만, 실은 경상남도 하동에서 태어난 경상도 사나이랍니다. 평생 경상도에서 살 거라고 생각했죠. 그런데 2014년 7월 5일, 난생처음 자동차를 타고 천안으로 가서 엄마를 만났어요. 엄마와의 첫 만남이었죠. 사실은 너무 어렸을 때라 잘 기억나지 않아요. 엄마 차를 타고 새로운 집에 도착하니, 예쁜 이모가 6명이나 더 있었다는 것만 기억나요. 낯선 공간이었지만, 왠지 느낌이 좋았어요.

재경's say

처음 카롱이를 만났을 때의 그 느낌을 아직도 잊을 수가 없다. 아마 평생 잊지 못할 것이다. 처음 카롱이를 품에 안은 그 순간 온몸의 털이 쭈뼛 섰고, 단 한 번의 포옹으로 운명이라는 걸 느꼈으니까. 이 아이와 함께 보낼 시간이 얼마나 행복할지 그 순간 느꼈던 것 같다. 언젠가 운명적인 남자를 만날 때도 그런 느낌이 들지 않을까…. 하하하! 사실 카롱이를 만나기 전까지 정말 많은 강아지를 만났고 입양까지 생각한 강아지도 있었다. 하지만 번번이 '이건 아닌데…'라는 느낌이 들어 가족으로 맞이하지 못했다. 그러나 카롱이는 달랐다. '이 아이구나'라는 느낌이 단번에 들었으니까. 그때의 카롱이는 아주 작았고, 작은 몸집에 비해 꽤나 무거웠다.

01 자연식, 어떻게 할 것인가
natural Food FOR dog

고민을 거듭하다가 결국 자연식에 도전하겠다고 마음 먹은 이후부터는 '어떻게 자연식을 할 것인가'라는 새로운 고민에 빠졌다. 사실 동물병원 수의사들에게도 문의했으나 시원한 답을 듣지 못했다. 가이드가 있어야 따라 해볼 텐데, 그런 방법이 없다는 점이 가장 난감했다. 이런저런 고민을 한 끝에 결국 내가 선택한 방법은 엄마표 음식을 해주자는 것이었다. 그러나 내가 영양사가 되어 강아지에게 균형 잡힌 완벽한 식단을 짤 수 있는 것도 아니었고, 요리사처럼 완벽한 레시피를 만들 수 있는 것도 아니었다.

그렇기에 처음부터 완벽한 식단, 최고의 레시피를 목표로 하지 않았다. 시작도 하기 전에 겁을 먹을 것 같았고, 부족하다는 생각이 들면 중도에 포기할 것 같았다. 오히려 심플하게 생각했고, 굳이 강아지와 사람을 나누지 않았다. 엄마가 해준 음식 덕분에 내가 건강하게 자랄 수 있었다는 점을 떠올리며 엄마가 해준 것을 마카롱에게 해주겠다고 생각했다. 영양사도, 요리사도 아닌 엄마의 음식을 가장 맛있게 먹었고, 이렇게 건강하게 살고 있으니 말이다. 다만 엄마가 내 몸의 상태, 좋아하는 것, 연령대에 맞는 영양소 등을 공부하듯이 나도 강아지에 대해 기본적인 지식부터 공부하기로 했다. 딱 기본만 알고 시작하자는 마음으로!

자연식에는 열을 가해 조리하는 '화식'과 날것 그대로 급여하는 '생식'이 있다. 마카롱에게는 주식으로 생식을, 간식과 특별식으로 화식을 급여하고 있다. 주식으로 생식을 선택한 것은 강아지가 늑대과 동물이기 때문이다. 늑대과는 생태적으로 육식을 하는 식육목* 동물이다. 강아지들의 이빨을 보면 초식동물의 네모 넓적한 이빨이 아닌 뾰족한 모양이다. 이는 육식동물의 이빨과 같은 모양으로, 강아지 역시 육식동물임을 알 수 있는 부분이다.

그래서 생식이 강아지의 내장기관에 더 적합하다고 판단했다. 생식은 열을 가하지 않은 음식을 주는 것인데, 그렇다고 야생에서처럼 피가 흥건한 음식을 주는 것은 아니다. 정육점에서 파는 고기를 익히지 않고 주는 정도를 생각하면 된다. 익히지 않은 고기를 주면 배탈이 나지 않을까 걱정하는데, 강아지는 사람보다 훨씬 강한 위산을 가지고 있다. 야생의 동물이 매 끼니마다 싱싱한 사냥감을 찾는 데 성공해 신선도 높은 고기를 먹는 건 아니다. 때로는 이미 죽은 동물을 발견할 수도 있고, 다른 동물이 먹다 남긴 것을 발견해 먹기도 한다. 즉 강아지가 생 뼈를 소화시킬 수 있을 정도로 강한 위산을 가지게 된 것은 아주 오래전부터 자연에서 살아남기 위해 주어진 자연스러운 신체 능력이라는 것이다.

생식에는 두 가지 방식이 있다. PREY와 BARF. PREY식은 70~80%의 살코기와 20~30%의 뼈, 지방, 내장 등을 일정 비율로 섞어 공급하는 100% 육식이다. BARF식은 호주의 수의사 이안 빌링허스트(Ian Billinghurst) 박사가 만든 식사법으로 'Biologically Appropriate Raw Food', 즉 '진화에 근거한 식사'라는 뜻의 약자다. 간단히 설명하면 신선한 자연 음식을 그대로 제공하는 것이다. 자연에서도 육식동물은 초식동물의 내장에 있는 채소까지 자연스럽게 섭취한다는 것을 고려해 육식에 적정량의 곡물이나 채소를 함께 급여하는 방식이다.

식육목
260여 종의 포유류를 포함하는 목이다. 대왕판다와 애기판다(너구리판다)만이 예외적으로 초식동물이고, 곰과 너구리가 잡식성인 것을 제외하면 거의 모든 종이 육식만 하는 육식동물 목이다. 식육목 동물에는 고유한 두개골 모양이 있으며, 송곳니와 열육치가 발달해 있다. 이들은 동물을 잡아먹기에 알맞게 눈, 코 등의 감각기관이 발달되어 있으며 지능이 높고 행동이 빠르다. (2016 위키백과)

내가 선택한 방법은 BARF식이다. 초식동물의 내장 속 음식물 상태와 비슷하게 만들어 주기 위해 마카롱에게 고기와 함께 채소나 곡식을 퓌레 형태로 주고 있다. 카롱이의 몸 상태가 좋지 않을 때는 특별식으로 화식을 급여한다. 간식 종류도 대부분 화식이다. 시중에는 다양한 간식이 나와 있지만, 경험상 만들어 주는 것이 훨씬 경제적이다. 만드는 과정 역시 굉장히 간단해서 레시피라고 하기에 민망한 정도다. 그러므로 누구라도 도전해 볼 수 있다고 생각한다.

또한 반려견이 아프거나 기운이 없어 보일 때는 엄마표 죽처럼 특별식을 해주는 것도 좋다. 자연식은 자연 그대로의 음식이기 때문에 이를 먹는 강아지도 자연 그대로의 영양을 섭취해서 면역력이 높아질 거라고 생각한다. 지금까지 크게 아픈 적 없는 카롱이의 건강 비결도 식사에 있다고 믿고 있다.

나의 노력으로 더 오래, 더 긴 시간 반려견이 건강하고 행복할 수 있다면, 나와 조금 더 많은 시간을 공유하고 함께할 수 있다면 그것만큼 기분 좋은 노력이 있을까. 말 없이 내 옆을 지켜 주는 작은 친구이자 가족인 반려견을 위해 내가 할 수 있는 일 가운데 하나가 바로 맛있는 음식을 건강하게 먹을 수 있게 해주는 것이라고 생각한다. 기본 지식을 알았고, 마음의 준비를 끝냈다면 준비는 완벽하다. 본격적으로 자연식을 시작할 차례다.

02 ALLERGY tEST
자연식 필수 과정, 알레르기 테스트

알레르기 테스트는 동물병원에서 채혈을 통해 정확한 검사를 해볼 수도 있고, 집에서 해보는 방법도 있다. 우선 동물병원에서 검사하는 경우 가격이 부담스럽긴 하지만, 항목별로 자세한 검사 결과를 알 수 있다는 장점이 있다. 집에서 하는 방법은 'ED(Elimination Diet, 제외식이)'식이라고 한다. ED식은 음식물 알레르기를 확인하기 위해 증상에 관여된 음식물을 하나씩 제거해 나가는 제한식이다. ED식을 하는 동안 설사, 구토, 가려움증, 재채기, 콧물, 소화불량 등의 증상이 있다면 알레르기 반응을 보이고 있다는 신호다. 반려견이 앞서 언급한 증상을 보이면 먹고 있는 사료나 간식의 성분을 꼭 살펴보아야 한다.

ED식을 진행하는 동안에는 알레르기 반응에 대한 혼선이 생길 수 있으니 급여하는 음식 외의 간식이나 영양제는 주지 않는 것이 좋다. 또한 음식뿐 아니라 진드기, 꽃가루, 먼지 등에도 알레르기 반응을 보일 수 있으니 강아지의 생활 환경도 잘 관찰해 봐야 한다. 이런 과정을 거치면서 반려견이 알레르기 반응을 보이는 식재료 목록을 만들고 앞으로의 자연식 과정에서 해당 식재료를 제외하면 된다. 또한 반려견의 경우 ED식을 하는 동안 몸이 정화되고 영양이 풍부한 진짜 음식을 받아들일 준비를 하게 된다.

Q1. ED식에 적용할 수 있는 다양한 식재료에는 무엇이 있는가?

단백질
치즈, 두부, 소, 닭, 오리, 돼지, 멧돼지, 양, 말, 토끼, 사슴, 연어, 가자미, 농어, 도미, 대구, 송어 등

탄수화물
백미, 현미, 퀴노아, 좁쌀, 보리, 수수, 밀, 율무, 피, 납작보리, 흑미, 적미, 아마란스, 렌틸콩, 검은콩, 옥수수, 차좁쌀, 찰기장, 메밀, 타피오카, 고구마, 감자, 단호박, 수수 등

Q2. 강아지의 알레르기 테스트를 어떻게 하면 될까?

반려견을 입양한 후 처음으로 집에 데려왔다면 새로운 공간에 적응할 때까지는 이전에 먹던 사료를 급여하는 것이 좋다. 공간이 바뀌고 먹는 음식도 바뀌면 어린 강아지가 받을 스트레스가 너무 크기 때문이다. 강아지가 새로운 공간에 적응했다고 생각되면 조심스럽게 새로운 음식을 급여해 보자. 어린 강아지는 사료 외의 음식을 접해 본 적이 없기 때문에 이 과정을 통해 식재료를 경험하게 하고 알레르기 반응을 확인하면 된다.

우선 한 가지 단백질과 한 가지 탄수화물을 일주일간 급여한다. 1주차 급여 음식에 알레르기 반응을 보이지 않는다면 2주차에 단백질은 그대로 두고 탄수화물만 새로운 것으로 바꿔 급여한다. 이때도 알레르기 반응이 없다면 탄수화물은 그대로 두고 단백질을 바꿔 급여한다. 이렇게 교차해서 한 가지 재료씩 바꿔 가며 알레르기 반응을 체크한다. 사료를 먹다가 자연식을 시작하는 강아지의 경우, 먹던 사료의 성분표부터 확인해 사료에 사용된 주 단백질원과 겹치지 않는 단백질부터 급여하면 된다. 앞서 설명한 것과 동일하게 사료에서 사용하지 않는 단백질과 탄수화물을 한 가지씩 급여한다. 이때 단백질은 말, 토끼, 사슴 등 강아지에게 생소한 특수 고기를 먼저 급여하는 것이 좋다.

급여 방법(예시)

기간	단백질	탄수화물
1주차	사료와 간식에 들어 있지 않은 단백질 (사슴고기)	사료와 간식에 들어 있지 않은 탄수화물 (현미)
2주차		새로운 탄수화물 (옥수수)
3주차	새로운 단백질 (말고기)	
4주차		새로운 탄수화물 (타피오카)
5주차	새로운 단백질 (양고기)	
6주차		새로운 탄수화물 (단호박)
7주차	새로운 단백질 (닭고기)	
8주차		새로운 탄수화물 (퀴노아)

Dr's Talk

입을 통해 들어간 음식은 위나 소장 등의 소화 과정을 거쳐 영양분이 흡수되고 남은 찌꺼기가 대장에 도착하는데, 대장에서의 수분 흡수 정도에 따라 변의 단단함이 결정된다. 이 단계에서 음식 찌꺼기가 빠르게 대장을 통과해 버리거나 대장에 머물렀다고 해도 제대로 수분을 흡수하지 못하면 변이 부드러운 상태로 배출되는 것이다. 이때 문제가 되는 증상은 반려견의 설사다.

반려견의 설사는 소장성 장염과 대장성 장염에 의한 것으로 구분하는 것이 보편적이다. 소장성 장염은 탈수 증상이나 전해질 감소로 체중 감소나 무기력감 등의 비정상적 증상을 보이는 경우가 많고, 대장성 장염은 주로 적은 양의 묽은 변을 보이거나 배변 횟수가 증가하는 것이 특징이다. 이런 질환의 경우 원인에 따라 진행 기간이 달라진다. 따라서 증상이 지속해 나타나는 경우 병원 검사를 통해 질병의 원인을 파악하고 적절한 치료를 해야 한다.

그렇다면 왜 사료에서 생식으로 전환하면 점액질변이나 설사 같은 묽은 변을 보게 되는 것일까? 생식 초기에 나타나는 이런 문제는 소장에서의 흡수 불량 문제와 장내 세균 총의 변화에 따라 나타나는 증상으로 생각할 수 있다. 즉 소장으로부터 넘어온 찌꺼기가 대장 점막을 자극하여 젤리와 같은 점액질이 분비되는 것이다. 이 점액질이 섞인 찌꺼기(변)가 어느 정도 단단함을 유지한다면 크게 문제가 되지 않으며 위험하지도 않다. 위나 소장, 대장에서 한 번도 생고기와 생뼈, 야채 등을 소화시켜 본 경험이 없어 소화 기능의 정상적 작동이 이뤄지지 않아 일시적으로 나타나는 현상인 경우가 많기 때문이다. 특히 어린 강아지나 노령견의 경우 적응이 더딜 수 있다.

반려견이 평소처럼 잘 놀고, 잘 먹고, 에너지 넘치는 산태라면 앞시 인급한 증상은 크게 걱정할 필요가 없다. 다만 며칠 동안 계속 식욕과 기운이 없거나 감정적 변화를 보인다면 문제가 있다는 신호이므로 반드시 동물병원을 방문하여 검사를 받아 보아야 한다. 자연 치유 과정은 호전과 악화가 동시에 일어날 수 있기 때문에 악화되는 과정이 길어지거나 심하다면 꼭 병원 치료를 해야 한다.

03 자연식에 대한 궁금증을 해소하는
Dr's Q&A

자연식을 시작할 때는 궁금한 것이 많다. 그러나 시원한 답을 듣는 것이 쉽지 않다. 그래서 준비한 필수 Q&A 시간이다. 마카롱에게 자연식을 시작하면서 가장 궁금했던 질문을 모아 놓았다가 동물영양학 전문 수의사를 만나 자연식에 대한 궁금증을 해소했다.

Q1 날고기를 먹이면 강아지가 사나워지지 않을까요?

현재 날고기를 먹이면 강아지가 사나워진다는 가설을 입증한 논문은 없는 것으로 알고 있습니다. 반대로 단백질 섭취량이 줄어들면 강아지가 사나워지는 경우는 있습니다. 이는 아미노산의 일종인 트립토판 섭취와 관련이 있습니다. 트립토판은 강아지의 체내에서 행복 호르몬인 세로토닌을 만들어내는데, 단백질 섭취가 부족하면 트립토판 섭취도 부족해지면서 세로토닌의 양이 줄어듭니다. 그러므로 진정 효과가 줄어들어 강아지가 사나워질 수 있습니다.

Q2 날고기를 먹이면 세균에 노출돼 탈이 나지 않을까요?

날고기를 위생적으로 처리하지 않고 강아지에게 먹이면 살모넬라균, 대장균 등의 병원성 미생물이 체내로 유입될 수 있습니다. 문제는 이 병원성 미생물이 강아지에게 직접적 피해를 입히는 것이 아니라 같이 살고 있는 사람, 특히 면역력이 떨어지는 노약자나 어린이에게 옮겨 가면서 문제가 생길 수 있다는 것입니다. 그러므로 날고기를 급여할 때는 반드시 위생 부분에 주의를 기울여야 합니다.

Q3 자연식과 사료는 소화에 걸리는 시간이 달라 같이 급여하면 안 된다고 들었습니다. 사료와 자연식을 같이 급여해도 되나요?

강아지의 경우 음식이 변으로 나올 때까지 걸리는 시간이 약 12~30시간입니다. 이 말은 강아지가 섭취하는 모든 식재료의 소화 시간이 다르다는 의미이기도 합니다. 익히지 않은 단백질의 경우 사료의 단백질보다 소화 시간이 빠를 것이고, 익히지 않은 탄수화물은 사료의 탄수화물 재료보다 소화 시간이 오래 걸립니다. 따라서 12~30시간 범주 안에서는 같이 급여해도 큰 문제는 없습니다. 다만 급여 전 사료와 자연식 모두 영양학적으로 균형이 잡혀있고, 원료가 안전하며, 질적으로 우수한지 확인하는 것이 필요합니다.

Q4 생식을 시작하기 전 구충제를 먹이는 등 특별하게 준비해야 하는 것이 있나요?

구충제는 생식과 별개로 정기적으로 투여하는 것이 좋습니다. 또한 대부분의 내부 기생충은 냉동 상태에서 사멸하기 때문에 냉동 후 해동하여 급여하는 경우 큰 문제가 되지 않습니다.

Q5 날고기는 해동 과정에서 핏물이 생기기도 하는데 그대로 먹여도 되나요?

위생적으로 처리되었다면 피도 훌륭한 영양 재료입니다. 혈액에는 특히 철 성분이 많아 혈액과 근육을 구성하는 헤모글로빈과 미오글로빈 합성에 도움을 줍니다.

Q6 생식을 만들어 냉동하는 경우 언제까지 먹이는 것이 좋은가요? 대체적으로 1회 만들 때 어느 정도의 양을 만들어 급여하는 게 좋은가요?

미국 FDA에서는 육고기 식재료의 경우 최대 3~4개월 이내로 냉동고에 보관하는 것을 추천합니다. 그러나 실제로 그 기간에 먹일 양을 한번에 만드는 것이 더 힘들 수 있기 때문에 일반적으로 2주에서 한 달 정도의 급여 분량을 한번에 만들어 냉동 보관하는 것을 권합니다.

Q7 어떤 경우 생식을 하면 안 되나요? 예를 들어 강아지에게 어떤 질병이 있으면 위험하다는 등 주의사항이 있을까요?

면역력이 떨어진 강아지에게 생식을 먹일 경우 특히 위생에 주의해야 합니다. 현재 국내 대부분의 보호자가 급여하는 생식은 육고기의 함량이 높은 레시피인데, 이런 경우 칼슘 대비 인의 공급량이 매우 높습니다. 강아지가 만성신부전을 앓고 있다면 인의 섭취량을 반드시 줄여야 하는데, 이때 육고기의 함량이 많은 생식은 위험할 수 있습니다. 또한 간질환을 앓고 있는 경우 육고기와 비타민 A의 함량이 높은 경우 문제가 될 수 있으므로 주의해야 합니다.

Q8 생식을 언제쯤 시작하는 것이 좋은가요?

영양 균형에 대한 문제가 없다면 언제든 시작해도 무방합니다. 다만 자견과 성견이 필요로 하는 영양소 함량이 조금씩 다르므로 어릴 때부터 생식을 급여하는 경우 특히 칼슘 섭취량에 주의해야 합니다.

Q9 어떻게 해동을 해야 가장 신선하고 안전하게 급여할 수 있나요? 전자레인지에 돌리면 안 된다고 해서요.

해동은 하루 전 냉장고에서 하는 것을 추천합니다. 전자레인지로 해동하는 방법도 가능하지만, 이때 우려되는 부분은 항산화 영양소의 파괴입니다.

Q10 고기와 채소의 비율을 어느 정도로 하는 것이 좋은가요? 혹시 강아지에 따라 비율을 달리 해야 한다면 그 기준이 있나요?

강아지에 따라 고기와 채소의 비율을 어느 정도로 할지에 대한 기준은 없습니다. 중요한 것은 어떤 비율로 식재료를 조합하든지 최종적으로 공급되는 영양소의 양이 균형에 맞아야 한다는 것입니다.

Q11 자견과 노견의 생식은 어떤 차이점이 있나요?

자견은 생후 3개월부터 1년 사이의 강아지이고, 노견은 소형견의 경우 10세, 대형견은 8세 이상을 말합니다. 자견과 노견 모두 단백질의 충분한 공급이 필요하다는 공통점을 가지지만, 자견은 식이섬유의 섭취를 줄여 줘야 합니다. 반대로 노견은 항산화 영양소와 오메가 3의 섭취를 늘려 노화 방지, 항염증 작용을 강화하는 것이 좋습니다.

Q12 노령견의 경우 생식을 시작할 때 특히 어떤 점에 주의해야 하나요?

노령견의 경우 질병 위험이 높고, 면역력이 떨어져 있는 경우가 많기 때문에 자연식을 시작하기 전에 반드시 건강 상태를 정확하게 체크해야 합니다. 질병의 유무, 종류 등에 따라 건강에 도움이 되는 식재료가 다르기 때문입니다. 그래야 질병을 악화시키는 일을 방지할 수 있습니다.

또한 개는 8세 이상이 되면 노령화 단계로 접어드는데 이 단계가 되면 기초 대사율과 근육량이 감소합니다. 또한 체내 수분 함량이 감소하고 체지방이 약 10% 증가합니다. 소화 효소의 감소, 흡수 능력 감퇴, 면역 능력 저하 등의 문제도 발생할 수 있습니다. 따라서 노령견을 영양학적으로 관리할 때 흡수율이 높은 양질의 단백질을 제공합니다. 또한 단백질의 섭취량도 늘려야 하는데, 최소 24% 이상 (수분 함량 제외 기준) 제공하는 것이 효과적입니다. 다만 신장 질환에 따른 증상이 나타나는 경우에는 단백질 섭취량을 늘려선 안 됩니다.

이와 반대로 필수지방산인 오메가 3 지방산과 오메가 6 지방산의 섭취량을 제외한 섭취되는 총 지방의 함량은 약간 줄이는 것이 좋습니다. 항산화 영양소의 급여를 통해 면역 기능이 저하되는 것을 완화시켜 주어야 합니다. 대표적인 항산화 영양소로는 비타민 C, 비타민 E, 셀레늄, 폴리페놀, 아스타크산틴, 리코펜, 코엔자임 Q10, 알파-리포산 등이 있습니다. 항산화 영양소는 단일로 급여하는 것보다 다양한 항산화 영양소를 같이 급여할 때 효과가 좋습니다. 자연에서 얻을 수 있는 식품으로 토마토(줄기 제외), 블루베리, 크랜베리, 브로콜리 등이 있고 시중에도 동물용으로 여러 항산화 영양제(예를 들면 엑티베이트)가 나와 있습니다.

CHAPTER 2

START EATING RAW

생식 시작하기

반려견에게 급여할 수 있는
식재료 알아보기!

+
story 02

"맛있게 먹어 주는 너의 모습에 행복해"

마카롱's say

새로운 집에서의 생활은 전에 있던 곳과 많이 달랐어요. 특히 음식이 달랐죠. 지금까지는 항상 갈색에 동그란 모양의 과자만 먹었는데, 새로운 집에 오면서 새로운 음식을 많이 먹게 되었어요. 처음에는 원래 먹던 과자랑 새로운 음식을 섞어서 먹었지만, 점점 새로운 음식의 양이 많아졌죠. 엄마가 주는 음식이 너무 맛있어요. 치즈, 고구마, 두부, 단호박, 현미밥까지! 맛있는 음식 덕분에 하루하루가 살맛 나는 요즘이에요! 으하하하하.

재경's say

카롱이의 눈빛, 움직임이 편하게 느껴지는 순간부터 내 마음도 한결 편해졌다. 낯설었을 공간을 자신의 공간으로 받아들이고 있다는 사실이 너무 고마웠다. 그래서 이제는 카롱이에게 내가 준비한 선물을 주어도 되겠다는 생각이 들었다. 내가 준비한 선물은 카롱이에게 건강하게 클 수 있는 충분한 영양과 맛있는 밥을 먹을 때의 기쁨을 느끼게 하는 것이다. 그래서 직접 만든 음식을 먹이겠다고 결심했다. 누군가는 "개 한 마리 키우는데 왜 이리 유난이냐"라고 말할 수 있지만 나에게 카롱이는 오랜 시간을 함께할 새로운 가족이므로 이 정도의 노력은 수고스럽지 않다. "그러니까 앞으로 밥 맛있게 먹어야 해, 마카롱!"

01 CHECK!
생식 시작 전 주의사항 체크하기

생식을 시작하겠다고 결심했다면, 한 번 더 주의사항을 확인할 필요가 있다. 사료 대신 생식을 급여하게 될 경우 '영양 균형'과 '위생'이라는 두 가지 사항에 주의해야 한다. 생식을 급여하는 이들을 대상으로 실시한 여러 연구를 보면 상업 생식, 홈메이드 생식 모두에서 살모넬라균, 대장균, 리스테리아균 등 병원성 미생물이 종종 검출되곤 한다. 문제는 강아지의 경우 살모넬라균에 강하기 때문에 특별한 증상이 나타나지 않지만, 강아지의 분변으로 배출된 균이 어린이나 노약자, 면역력이 떨어져 있는 사람에게 문제를 일으킬 수 있다는 사실이다.

따라서 생식을 급여하는 경우 사용 직전까지 생고기의 언 상태를 유지해야 하고, 해동 시 냉장고나 전자레인지를 이용하는 것이 좋다. 다만 전자레인지를 이용할 경우 항산화 영양소가 파괴될 수 있으므로 되도록이면 냉장고를 이용한 해동을 권한다. 또한 생고기는 다른 음식과 떨어뜨려 보관하고, 표면을 잘 씻어 주고, 칼과 그릇 등 생고기와 닿았던 조리도구의 세척에도 신경을 써야 한다. 먹고 남은 음식은 잊어버리지 말고 바로 버리는 것이 좋다.

홈메이드 생식과 상업 생식 모두에서 영양 균형에 대한 문제도 노출되었다. 이는 장기간 같은 레시피의 식단으로 급여하는 경우 강아지에게 영양학적 문제를 일으킬 수 있다는 것이다. 그러므로 생식을 급여하는 경우 영양학 전문가의 도움을 받는 것이 최선이다. 그러나 도움을 받기 어려운 경우에는 한정적인 식재료만 급여하기보다 최대한 다양한 재료를 급여해 영양소를 골고루 공급할 수 있도록 하자. 더불어 생식 이후 강아지의 건강 변화에 더 많은 관심을 기울여서 일정 기간 강아지의 건강상 변화가 없는지 체크해야 한다. 주기적으로 재료를 바꿔 새로운 식단을 만들거나 영양 보충을 위해 각종 파우더, 간식, 보충제를 적절하게 활용하는 것도 도움이 된다.

02
강아지에게 필요한 영양소

물은 강아지에게 꼭 필요한 영양소다. 몸 안의 지방을 모두 잃거나 몸을 구성하는 단백질의 절반을 잃어도 생존할 수 있지만 물의 경우는 5%만 잃어도 결핍증이 일어나고, 체내 수분의 15%가 소실되면 사망할 수 있다. 그래서 신선하고 오염되지 않은 물을 지속적으로 공급하는 것은 강아지 건강에 매우 중요하다.

적정 음수량은 평균적으로 체중 10kg 이하 소형견의 경우 하루에 몸무게 kg당 60ml 정도다. 예를 들어 개의 몸무게가 4kg일 경우 적정 음수량은 하루 240ml다. 중형견(11~25kg)은 몸무게 kg당 50ml, 대형견(26kg 이상)은 몸무게 kg당 하루 40ml가 적정하다. 음수량은 기타 다른 요인에 영향을 받기도 하는데 예를 들어 강아지가 염분 함량이 높은 음식(일부 결석 처방식)을 먹는 경우 음수량이 50% 이상 늘어나기도 하고, 반대로 염분이 제한된 음식(심장, 신장, 간 처방식)을 먹는 경우 적정 양보다 20% 정도 덜 마시게 한다.

탄수화물은 전분(Starch)과 식이섬유(Dietary fiber)를 총칭하는 말로 비필수 영양소로 분류된다. 주로 곡류에 많이 들어 있으며, 익히지 않은 상태에서는 탄수화물의 흡수율이 떨어지기 때문에 곡물을 섭취할 경우 잘 익혀 먹이는 것이 중요하다.

전분 1g을 섭취하면 약 4kcal의 대사 에너지(Metabolic Energy)를 만들어낸다. 전분은 에너지를 제공하는 것 외에 다른 영양학적 기능이 없는 것으로 알려져 있지만, 식이섬유의 경우에는 성질(수용성/비수용성, 발효성/비발효성)에 따라 여러 가지 기능을 갖고 있다. 수분을 보유(hold)하는 성질을 가지고 있어 식이섬유의 함량이 높은 음식을 섭취하는 경우 포만감을 느끼게 해서 강아지의 비만 치료에 도움이 된다.

단백질은 절대적으로 필요한 필수아미노산을 제공하는 필수 영양소다. 그러므로 이들 필수 아미노산 중 하나라도 섭취 불량인 경우 단백질 결핍증을 야기할 수 있다. 단백질 1g은 약 4kcal의 대사 에너지를 공급한다. 우수한 단백질은 흡수율이 높고 필수아미노산의 함량이 충분하여 아미노산 균형이 잘 잡힌 단백질이며, 동물성 단백질이 전반적으로 우수하다.

단백질이 부족하면 결핍증을 유발할 수 있다. 이를 방지하고자 펫푸드를 만들 때 권장하는 단백질의 함량은 성견의 경우 건물(Dry matter) 기준 18% 이상, 자견의 경우 20~25% 이상이다. 노령견의 경우 근육량 유지, 조직 재생, 면역 발달 등을 위해 성견보다 더 많은 단백질을 필요로 한다. 건강한 노령견의 경우 여러 연구를 종합했을 때 건물 기준 단백질 24% 이상을 급여하는 것이 좋다.

단백질은 음식 알레르기(식이역반응)와 관련이 있는 것으로 알려져 있다. 음식 알레르기는 어떤 음식을 먹게 되면 비정상적으로 면역 반응을 일으켜 특히 피부 가려움증 등 염증 반응이 나타난다. 모든 단백질 원료는 드물지만 잠재적으로 알레르기를 유발할 가능성이 있기 때문에 기존에 먹지 않던 단백질원을 급여 할 때는 세심한 관찰이 필요하다.

지방은 1g을 섭취하면 약 9kcal의 대사 에너지를 만들어낸다. 지방에서도 필수지방산은 반드시 적절한 양이 공급되어야 한다. 체내에서 합성되지 않아 식품을 통해 섭취해야 하는 지방산을 필수지방산이라고 한다. 필수지방산에는 오메가 6 지방산과 오메가 3 지방산이 있다. 이 외에 오메가 9 지방산과 포화지방산은 합성이 가능하기 때문에 비필수지방산으로 분류된다.

필수지방산인 오메가 6 지방산과 오메가 3 지방산은 여러 가지 형태와 기능을 가지고 있다. 우선 오메가 6 지방산의 형태인 리놀레산(Linoleic acid)과 감마-리놀렌산(γ-Linolenic acid)

은 대부분 식물성 기름(오메가 6 함유량이 많은 순으로 홍화씨유, 보라지유, 옥수수유, 면실유, 콩기름, 참기름, 해바라기씨유 등)에 많고 피부층을 이루는 중요한 역할을 한다. 필수지방산의 섭취가 부족한 경우 피부, 생식기, 면역 기능 등에 문제가 생길 수 있다. 반대로 지방을 너무 많이 먹으면 고지혈증 또는 췌장염의 위험을 높일 수 있다.

미네랄은 무기질로 어떤 미네랄은 신체를 구성하는 역할을 해서 많이 필요하고 어떤 미네랄은 체내 대사 과정에 일부 관여해서 적게 필요하다. 미네랄의 역할과 관련하여 나트륨(Na), 칼륨(K), 염소(Cl), 칼슘(Ca), 인(P), 마그네슘(Mg) 등 대부분의 미네랄은 체액과 체조직을 구성하는 전해질의 역할을 한다. 또한 칼슘과 인, 마그네슘의 경우 뼈와 치아를 구성하는 데도 쓰이고 요오드(I)와 셀레늄(Se)처럼 체내 여러 대사 과정에 관여하거나 철(Fe)처럼 헤모글로빈을 구성해 산소 운반에 관여하기도 한다.

미네랄의 흡수 정도는 미네랄의 화학구조, 다른 미네랄의 함량, 나이, 성별, 종, 체내에 저장된 미네랄의 함량, 기타 환경 요소 등에 영향을 받기 때문에 다양하다. 주로 육류에서 유래되는 미네랄이 식물 원료에서 유래되는 미네랄보다 흡수가 잘 된다. 일부 미네랄은 질병 치료에도 관련이 있는데 예를 들면 신부전에서의 인(Phosphorus) 제한, 심부전에서의 나트륨(Sodium) 제한 등이 있다. 또한 피부, 관절, 간질환 등에서 아연(Zinc) 섭취를 약간 증가시키는 것이 대표적이다.

비타민은 체내에서 많은 양을 필요로 하지 않는 영양소이지만 체내 여러 대사 과정에 관여하는 필수 효소(Enzyme) 또는 효소의 전구체(Precursor), 조효소(Coenzyme)의 형태로 각자의 기능을 한다. 비타민은 단백질, 탄수화물, 지방과 달리 에너지를 공급하지 않지만 이들 영양소가 에너지를 공급하도록 도와주는 데 필수적 역할을 한다.

비타민은 크게 두 종류로 나뉘는데 지용성 비타민인 비타민 A, D, E, K와 수용성 비타민인 비타민 C, B이다. 개에게 비타민 A, B, D, E는 필수 영양소다. 비타민 C의 경우 포도당으로부터 체내에서 합성이 가능하고 비타민 K의 경우도 장내 미생물총을 통해 합성되어 사용된다. 비타민 A는 주로 동물성 원료(간, 노른자 등)에 많이 들어 있고 식물성 원료에는 거의 들어 있지 않다. 식물성 원료에 들어 있는 형태는 레티놀로 변환되기 전 단계인 카로틴(Carotene)으로 당근, 고구마, 단호박 등에 많이 들어 있다. 비타민 B는 동물의 내장, 곡물의 눈(예를 들면 쌀눈) 등에 함유되어 있다. 비타민 C는 체내에 쌓인 활성 산소를 중화시키는 항산화 작용을 한다. 비타민 D는 칼슘/인 대사와 관련이 있고 간, 노른자 등에 풍부하게 들어 있다. 비타민 E는 항산화 기능을 하며, 비타민 K는 혈액 응고와 관련된 역할을 한다.

비타민의 요구량은 동물의 연령에 따라 다르다. 임신, 수유, 성장기의 경우 새로운 체조직을 만들어내는 활동이 많아서 일반적으로 더 많은 비타민을 섭취해야 한다. 노령화되어서도 생리적 변화에 따라 요구량이 늘어날 수 있다.

Dr's Talk

강아지의 경우 연령별로 필수적인 영양소를 따로 정해 놓지 않는다.
다만 특정 영양소의 추천 함량은 강아지의 나이에 따라 조금씩 차이가 있다.

자견(생후 3주에서 1년 사이의 강아지)
단백질, 지방, 미네랄(칼슘·인·아연 등)의 섭취량이 성견에 비해 높은 것이 좋다.
반대로 식이섬유 섭취량은 줄일 것을 추천한다.

성견(생후 1년 이후부터 8~10세 사이의 강아지)
다양한 영양소를 고르게 공급해 주는 것이 좋다. 흡수율과 필수아미노산의 균형이 우수한
유단백과 달걀 흰자를 섭취하면 좋다. 다만 유단백의 경우 유당을 함유하고 있을 가능성이 있어
주의해야 하고, 달걀 흰자는 반드시 익혀서 급여한다.
칼슘이 풍부한 멸치, 달걀 껍질, 뼈와 인이 많은 육고기를 포함해 건강식단을 짜는 것도 좋다.
다만 육고기 섭취량이 늘어날 경우 칼슘 보충에 특별히 신경을 써야 한다.

노견(소형견의 경우 10세, 대형견은 8세 이후의 강아지)
단백질은 면역력이 떨어지지 않도록 성견에 비해 높은 비율로 급여하고,
지방은 낮춰 주는 것이 좋다.
노화를 지연시키는 항산화 영양소(비타민 E, 비타민 C, 폴리페놀, 코엔자임 Q10, 아스타크산틴 등)를
추가로 급여하고 항염증 작용과 혈류 개선 효과를 가진 오메가 3의 섭취를 늘려
영양 관리를 하도록 추천한다.

[기준 영양소 급여량 표]

영양소	1,000kcal 당 함량	최소 요구량		최대 허용량
		임신, 수유, 성장기	성견	
단백질	g	56.3	45.00	
아르기닌(Arginine)	g	2.50	1.28	
히스티딘(Histidine)	g	1.10	0.48	
이소류신(Isoleucine)	g	1.78	0.95	
류신(Leucine)	g	3.23	1.70	
라이신(Lysine)	g	2.25	1.58	
메티오닌(Methionine)	g	0.88	0.83	
페닐알라닌(Phenylalanine)	g	2.08	1.13	
트레오닌(Threonine)	g	2.60	1.20	
트립토판(Tryptophan)	g	0.50	0.40	
발린(Valine)	g	1.70	1.23	
미네랄				
칼슘(Calcium)	g	3.00	1.25	4.5
인(Phosphorus)	g	2.5	1.0	4
칼슘과 인의 비율(Ca:P)	g	1:1	1:1	2:1
칼륨(Potassium)	g	1.5	1.5	
나트륨(Sodium)	g	0.8	0.2	
염소(Chloride)	g	1.1	0.3	
마그네슘(Magnesium)	g	0.10	0.15	
철(Iron)	mg	22.0	10.0	
구리(Copper)	mg	3.10	1.83	
망간(Manganese)	mg	1.80	1.25	
아연(Zinc)	mg	25.0	20.0	
요오드(Iodine)	mg	0.25	0.25	2.75
셀레늄(Selenium)	mg	0.09	0.08	0.5

영양소	1,000kcal 당 함량	최소 요구량		최대 허용량
		임신, 수유, 성장기	성견	
지방	g	21.3	13.8	
리놀레산	g	3.3	2.8	
알파-리놀렌산	g	0.2	0	
EPA + DHA	g	0.1	0	
비타민				
비타민 A	IU	1,250	1,250	62,500
비타민 D	IU	125	125	750
비타민 E	IU	12.5	12.5	
비타민 B1	mg	0.56	0.56	
비타민 B2	mg	1.3	1.3	
판토텐산	mg	3.0	3.0	
나이아신	mg	3.4	3.4	
비타민 B6	mg	0.38	0.38	
엽산	mg	0.05	0.05	
비타민 B12	mg	0.01	0.01	
콜린	mg	340	340	

출처_ 미국 사료관리협회(AAFCO)

03 반려견이 먹어도 되는 식품
Can Eat IT!

강아지에게 급여할 수 있는 식재료는 생각보다 다양하다. 특히 주식으로 먹는 육류는 고기별로 영양분이 다르기 때문에 한 가지 고기만 주기보다 일정 기간을 두고 바꿔 가면서 급여하면 좋다. 카롱이는 특히 닭고기, 소고기, 돼지고기를 좋아한다.

닭고기는 필수아미노산이 고르게 들어가 있는 좋은 단백질원이다. 따뜻한 성질의 고기로, 기운이 나게 도와주기 때문에 컨디션 회복에도 도움이 된다. 또한 돼지고기와 소고기에 비해 닭고기에는 레티놀 성분이 상대적으로 많이 함유되어 있다. 이 성분은 면역력을 높임으로써 여러 질병을 예방하는 데 도움을 준다. 닭 가슴살이나 안심은 고단백, 저칼로리라 특히 좋다. 닭 목, 닭 발, 닭 근위도 강아지에게 씹는 재미와 맛, 영양을 충족시켜 줄 수 있는 간식 재료로 활용된다. 한 가지 주의할 점은 닭 가슴살만 지나치게 급여할 경우 칼슘 흡수를 방해할 수 있다는 점이다.

소고기에는 양질의 단백질과 철분이 가득 들어 있어 면역력 증가와 빈혈 예방에 아주 좋다. 지방이 적은 사태, 안창살, 우둔, 안심을 급여하는 것이 좋으며 우족, 소꼬리 등을 간식으로 만들어 급여하는 것도 좋다. 주변에서 신선한 소고기 부산물을 구할 수 있다면 내장 등을 급여하는 것도 부족한 영양소를 보충하는 데 좋다. 카롱이는 특히 우족을 좋아한다. 우족 하나면 몇 시간 꼼짝하지 않고 먹고 놀 수 있을 정도다.

풍부한 단백질과 피로 회복에 좋은 비타민 B1이 가득한 돼지고기는 차가운 성질을 가진 고기로, 몸에 열이 많아 더위를 잘 느끼는 강아지에게 좋다. 하지만 지방이 많은 부위를 급여하면 비만, 설사 등의 위험이 있으니 되도록이면 사태, 전지, 후지, 등심, 안심 등의 부위를 급여하도록 하자. 신선한 내장이나 껍데기 등의 부산물도 좋은 식재료가 될 수 있다.

이 밖에도 오리고기, 양고기, 말고기, 메추리고기, 토끼고기 등도 기타 단백질로 활용할 수 있다. 특수 고기의 경우 시중에서(마트, 시장 등) 구하기가 쉽지 않지만, 인터넷을 통해 쉽게 구매할 수 있다.

육류 외에도 강아지에게 급여할 수 있는 식재료는 다양하다. 연어·참치·멸치·황태 등의 어류, 잎채소·뿌리채소·열매채소·버섯 등의 채소류, 콩류 등의 곡물류, 치즈를 비롯한 유제품도 강아지 식단에 활용하기 좋은 재료다.

반려견이 먹어도 되는 식품 리스트

무
감기 예방, 기침 감소, 해열 등에 효과가 있는 식품이 무다. 껍질째 갈아 먹이면 소화를 도와준다.

블루베리
블루베리는 뇌세포와 망막세포 노화 방지에 도움이 된다. 비타민 C와 안토시아닌의 함유량이 높아서 항산화 효과가 있다.

완두콩
콩 가운데서 식이섬유 함유량이 가장 높은 완두콩은 반려견의 활발한 장 활동을 도와준다. 설사를 하거나 소화불량일 경우에도 도움이 된다.

바나나
칼륨이 많이 들어 있는 바나나는 효과적으로 나트륨을 배출할 수 있게 도와주는 식품이다. 그러나 많이 급여할 경우 칼륨 과다로 오히려 신장에 무리를 줄 수 있으니 주의해야 한다.

버섯
비타민 C와 칼륨이 풍부한 새송이 버섯은 비만 예방에 도움이 되고, 항암 효과가 있는 표고버섯은 면역력 증가와 혈관 건강을 개선하는 역할을 한다. 다만 양을 조절해 위에 부담이 가지 않도록 해야 한다.

우엉
우엉은 신장 기능을 높여 이뇨와 배변에 좋은 식품이다. 다만 특유의 향 때문에 반려견이 거부하는 경우가 있으니 생으로 급여하기보다 파우더 형태로 만들어 급여하는 것이 효과적이다.

사과
고기 섭취로 높아진 콜레스테롤을 몸 밖으로 배출할 수 있게 도와준다. 또한 껍질에 함유된 폴리페놀 성분은 항산화 효과도 있어, 껍질까지 급여하는 것이 좋다. 반대로 사과 씨는 독성을 가지고 있으니 절대 급여하지 않도록 주의한다.

파프리카
비타민 A와 C를 다량 함유하고 있는 파프리카는 항산화 효과가 있는 식품이다. 칼로리가 낮고 수분 함유량도 좋아 비만인 강아지에게 도움이 된다. 다만 소량의 캡사이신이 들어 있어 물에 담가 두거나 익혀서 급여하는 것이 좋다.

양배추
포만감을 주면서 소화를 돕는 양배추는 물을 잘 먹지 않거나 소화불량으로 고생하는 반려견에게 특히 좋다. 그러나 갑상선 질환이 있는 반려견이라면 반드시 익혀야 하며, 소량만 급여할 것을 권한다.

애호박

애호박을 익혀 급여하면 반려견의 소화 기능을 향상하는 데 좋고, 치매를 예방하는 데도 효과적이다.

고구마

식이섬유가 많아 변비가 있는 강아지에게 도움이 된다. 많이 먹으면 오히려 장에 가스가 찰 수 있으니 주의해야 한다.

브로콜리

피부 질환 예방에 특히 좋은 브로콜리는 살짝 데쳐 급여한다. 이때 양을 적절하게 조절하는 것이 포인트다.

연근

탄닌 성분이 함유된 연근은 소염 효과가 있어 건강 회복이 필요한 반려견에게 도움이 된다. 말려서 간식으로 만들거나 파우더 형태로 만들어 급여하는 것도 괜찮다.

두부

단백질이 풍부한 두부는 고기에 알레르기 반응을 보이는 반려견에게 대체식품으로 좋다. 뜨거운 물에 살짝 데쳐 염분기를 제거한 후 급여한다.

북어

필수아미노산이 많이 들어 있는 식품인 북어는 기력 회복에 좋다. 물에 담가 염분을 제거한 후 급여해야 한다는 것을 잊으면 안 된다.

단호박

단호박은 여러 장점을 가진 식품이다. 강아지가 피부를 자주 긁거나 피부 트러블이 있는 경우, 감기에 자주 걸리는 경우 도움이 된다. 또한 비타민 A가 풍부하고, 발암물질을 제거해 주기도 한다. 베타카로틴이 많아서 눈 건강과 면역력 증가에도 도움이 된다.

연어

연어는 오메가 3를 얻을 수 있는 식품으로 면역력 강화, 세포 건강 강화 등에 효과적이다. 다만 관리에 주의해야 한다. 생 연어를 급여할 경우 보관에 신경 써야 한다. 건조해서 간식으로 만들거나 파우더 형태로 만들어 급여하는 것도 좋다.

아마씨 / 퀴노아 / 오트밀

아마씨는 오메가 3와 비타민이 풍부해 고혈압에 도움이 된다. 단 소량만 급여하는 것이 좋다. 오트밀은 콜레스테롤을 억제하고 몸의 저항력을 높인다. 글루텐 성분이 없는 퀴노아는 다이어트 음식으로 좋고, 항암 효과와 면역력 강화에 도움이 된다.

04 반려견이 먹으면 안 되는 식품
Can't Eat It

강아지는 사람과 다른 몸의 구조와 기능을 가지고 있기 때문에 사람이 먹는 음식을 모두 먹을 수 있는 것은 아니다. 또한 사람과 비교해 무게가 덜 나가기 때문에 사람을 기준으로 급여하면 영양 불균형을 심화시킬 수 있다. 따라서 자연식을 선택할 경우에는 급여하는 식재료, 식품, 식품의 양 등에 특히 신경을 써야 한다. 여기서 소개하는 16가지 식품은 강아지가 섭취하면 위험을 불러올 수 있으므로 급여하는 것을 피해야 한다. 또한 의도치 않게 강아지가 먹으면 안 되는 음식을 섭취했을 경우 전문의와 상담하는 것이 좋다.

반려견이 먹으면 안 되거나 소량 급여만 가능한 식품 리스트

소금

나트륨은 모든 포유동물의 신진대사에 없어서는 안 될 중요한 영양소다. 다만 고혈압, 신부전, 심장 질환이 있는 경우 과다 섭취하면 해당 문제를 악화시킬 수 있으므로 적당량을 섭취하는 것이 중요하다. 신장 질환과 고혈압과의 연관성은 이미 입증되어 있으므로, 신부전이 확인된 강아지의 경우 나트륨 섭취량을 줄이기를 권한다.

설탕

설탕은 과잉 섭취하면 비만을 유도하고, 칼슘 부족 증상과 비타민 B1 결핍증을 일으킬 수 있다.

자일리톨

자일리톨 성분은 급성 저혈당을 유발시켜 강아지를 죽음에 이르게 할 수 있다. 따라서 절대 섭취하면 안 되는 성분이므로 반드시 주의가 필요하다.

날 생선

날 생선은 주로 비타민 B1의 섭취를 방해하는 티아미나아제(Thiaminase)라는 효소를 가지고 있어 많이 먹일 경우 문제가 될 수 있다. 익히면 이 효소가 사라지기 때문에 익혀서 급여한다. 또한 익혀 급여하면 날 생선에 있을 수 있는 살모넬라균을 비롯해 균에 감염될 위험에서도 벗어날 수 있다.

우유

우유는 아미노산 균형이 잘 잡혀 있고 흡수율이 높은 단백질이다. 다만 이유 후 오랫동안 우유를 섭취하지 않다가 갑자기 우유를 먹으면 설사 등의 문제가 생길 수 있다. 이는 개가 어렸을 때 가지고 있었던 락타아제(lactase)라는 효소가 체내에서 줄어들어 생기는 문제다. 락타아제 효소가 유당(lactose)을 분해하여 우유를 소화시켰던 것인데, 개가 성장하면서 우유를 먹지 않아 줄어들었기 때문이다. 반대로 어렸을 때부터 꾸준히 우유(코티지 치즈 포함)를 끊지 않고 섭취했다면 락타아제가 체내에 남아 있어 유당 분해가 가능하기 때문에 설사 등의 문제를 일으키지 않는다. 그러므로 우유 자체를 먹으면 안 되는 것이 아니라 갑작스러운 우유 급여를 조심해야 한다. 오랫동안 우유를 먹지 않았다면 락타아제 성분이 없는 락토프리 우유로 대체하는 것이 좋다.

달걀 흰자

날달걀 흰자에 들어 있는 아비딘 성분은 강아지 몸 속에 있는 비타민 B군 중 하나인 비오틴의 흡수를 방해한다. 이는 염증성 피부 질환이 생기는 원인이 될 수 있어 주의가 필요하다. 이 밖에도 식중독을 일으킬 수 있고, 알레르기 증상을 일으키는 원인이 되기도 한다. 따라서 반드시 익혀 급여하는 것이 좋다.

반려견이 먹으면 안 되거나 소량 급여만 가능한 식품 리스트

시금치

시금치에는 비타민, 칼슘, 철분 등 영양소가 풍부해 소량 급여할 때는 괜찮지만, 양이 많아지면 수산이 몸 속 칼륨과 결합해 신장이나 요도에 결석이 생기는 원인이 될 수 있다.

이스트

빵을 반죽할 때 첨가하는 생 이스트는 섭취하면 위를 과하게 팽창시키는 위험이 있으므로 주의가 필요하다.

소간

소간은 적은 양의 급여는 괜찮지만, 급여량을 늘리면 비타민 A와 인의 과다 섭취로 가려움증, 탈모, 뼈의 석회화 등의 증상이 나타나는 원인이 된다.

토마토 / 감자 싹

토마토의 붉은 과육 부위는 리코펜이라는 항산화 영양소가 많아 좋지만, 녹색 부위는 솔라닌 성분이 있어 위험함으로 주의해야 한다. 색이 변한 감자 껍질이나 싹, 가지의 꼭지 등에도 솔라닌 성분이 들어 있으니 주의해야 한다.

녹차 / 커피

카페인이 들어 있는 녹차와 커피를 급여할 경우 구토, 설사, 호흡 곤란 등을 일으키는 원인이 될 수 있다.

감, 복숭아 등의 씨

감이나 복숭아의 씨는 크기가 커서 식도를 막을 위험이 있다. 소화가 되지 않아 그대로 위에 남아 있으면 구토를 유발하는 원인이 되기도 한다. 또한 감의 탄닌 성분으로 변비에 걸리기 쉬우니 되도록 급여하지 않는 것이 좋다.

당근

당근을 과다 섭취하면 신장 결석의 원인이 된다. 다만 익혀서 급여할 경우 수산(옥살산) 성분이 줄어 위험도가 낮아진다고 하니 참고하기 바란다. 당근에는 비타민 A, C, 식이섬유가 풍부해 살짝 데치거나 식물성 기름에 볶아 주면 훌륭한 식재료가 된다.

포도 / 건포도

포도나 건포도는 적은 양의 섭취로도 급성신부전 증세를 일으키는 원인이 될 수 있다. 급성신부전의 경우 심하면 죽음에 이를 수 있으니, 반드시 주의해야 한다.

양파 / 마늘 / 대파 / 부추

해당 식재료의 경우 과다 섭취하면 알리신 성분으로 말미암아 적혈구가 파괴되는 위험이 있다. 적혈구가 파괴되거나 제거되면 용혈성 빈혈이 올 수 있다. 황달 증상이 나타날 수 있으며, 빈혈 증상이 심해지면 수혈을 해야 하는 상황도 발생할 수 있다. 마늘의 경우 소량이라도 위장 점막 손상을 일으키기도 한다. 조리해도 동일한 문제가 발생하기 때문에 절대 급여하지 말아야 한다.

초콜릿

절대 금기 식품 중 하나인 초콜릿. 초콜릿에 들어 있는 테오브로민 성분을 체내에서 분해할 수 없다. 만약 초콜릿을 급여했을 경우 심하면 중추신경 부작용으로 죽음에 이를 수 있다.

오징어 / 문어 / 새우 / 게

연체동물이나 갑각류는 강아지가 쉽게 소화시키지 못하는 식재료다. 따라서 적은 양의 급여는 괜찮지만 많이 먹으면 설사, 구토, 위염 등을 일으키는 원인이 될 수 있다. 알레르기 반응을 보이는 경우도 있다.

닭 뼈

다른 육류의 뼈와 다르게 닭 뼈는 세로로 날카롭게 쪼개진다. 그런 뼈 조각을 먹게 되면 강아지의 식도나 내장이 다칠 수 있다. 다른 종류의 뼈들도 그 조각이 작고 날카로우면 위험하므로 주의해야 한다.

마카다미아 너트

마카다미아 너트를 섭취하면 강아지 신장에 무리가 가며 고열이나 구토, 온몸 떨림, 뒷다리 부전마비, 호흡 곤란 등 다양한 증상이 나타나는 원인이 될 수 있다. 마카다미아 너트는 아이스크림, 초콜릿 등의 원료로도 많이 사용되기 때문에 아이스크림이나 초콜릿의 급여 역시 주의해야 한다.

PART 1

05 DISEASE and FOOD
강아지 질병과 식품의 관계

강아지는 품종에 따라 자주 발생하는 유전적 질병을 가지는 경우가 있다. 특히 안과 질환, 골격계 질환, 심장 질환, 아토피, 신부전, 하부요로결석, 비만 등이 대표적 질병이다. 어떤 영양소가 있는 식재료로 식단을 공급하느냐에 따라 강아지의 질병을 완화하거나 예방하는 데 도움이 되기도 한다.

안과 질환이 자주 발생하는 푸들과 코커스패니얼의 경우 비타민 A, 루테인 등의 섭취가 도움이 된다. 이들 영양소는 녹황색채소인 고구마, 당근, 단호박 등에 많이 함유되어 있다. 닥스훈트, 푸들, 요크셔테리어, 말티즈는 골격계 질환 중에서도 고관절 질환의 발병률이 높다. 이때 도움이 되는 영양소는 글루코사민+콘드로이틴, 아연, 오메가 3 지방산 등으로 글루코사민+콘드로이틴은 닭 연골이나 초록입홍합에 많이 들어 있고 아연과 오메가 3 지방산은 어패류에 많이 들어 있다.

심장 질환이 많은 품종은 도베르만 핀셔, 카발리에 킹 찰스 스패니얼이다. 심장 질환이 있는 강아지의 경우 염분 섭취를 제한하고 단백질과 오메가 3 지방산의 섭취를 늘리는 것이 좋다.

아토피 질환이 발생하기 쉬운 종은 비글, 시츄 등으로 오메가 6 지방산과 오메가 3 지방산, 아연 등이 도움이 된다. 오메가 6 지방산이 풍부한 식재료로 홍화씨유, 유기농 옥수수유, 유기농 콩기름 등이 있다.

시츄의 경우 신부전에 약한데, 특히 노령견이 신부전증 진단을 받으면 육고기 섭취량과 오메가 6 지방산의 섭취량을 현저히 줄여야 한다. 반대로 오메가 3 지방산의 섭취는 도움이 된다. 더불어 이런 내과적 질병이 있는 경우 항산화 영양소의 섭취를 늘리는 것이 좋다. 브로콜리, 블루베리, 크랜베리 등에 특히 항산화 영양소 함유량이 높다.

하부요로결석 질환이 호발하는 품종은 비숑프리제, 미니어처 슈나우저 등이다. 이 질병의 경우 수분 섭취량이 매우 중요하기 때문에 적정 수분 공급량 이하로 수분 섭취량이 떨어지지 않도록 주의해야 한다. 비글, 닥스훈트, 코커스패니얼, 래브라도 리트리버 등 비만이 되기 쉬운 품종의 경우 적정 에너지 공급량을 철저히 지켜 음식을 주도록 해야 한다. 단백질의 함량을 늘리고 지방의 함량을 줄이는 식단을 짜는 것도 한 가지 방법이다.

CHAPTER 3

WhEn & HOW

밥을 언제 어떻게 줄까

밥을 언제, 어떻게 급여할 것인가에 대한
고민과 그 해결 방법!

story 03

"밥 먹는 시간을 정확히 알다니…!"

마카롱's say

난 하루 중 이 시간이 가장 기다려져요. 바로 밥 먹는 시간!!! 정말 신기하게도 밥 먹을 때가 되면 배에서 소리가 나요. 엄마가 그 소리를 듣고 밥을 주는 것 같아요! 오늘은 또 어떤 음식이 나올지…!! 빨리 어른 개가 되어 이 세상의 많은 음식을 다 먹어 보고 싶어요!

재경's say

밥 먹을 때가 되면 유독 애교가 많아지는 마카롱. 평소 시크하다가도 정확히 밥 시간만 되면 내 발에 머리를 부비적거리는 모습이 너무 사랑스러워 넋을 놓고 바라보느라 밥을 조금 늦게 주기도 했다. 카롱이가 6개월이 될 때까지는 오전 10시, 오후 2시, 오후 6시, 밤 10시, 새벽 2시 이렇게 5번에 나눠 밥을 주었다. 무럭무럭 자라는 성장기이기도 하고 아직은 너무 작을 카롱이의 위를 생각해서….
생식이다 보니 사료처럼 밥 그릇에 밥을 가득 채워 놓고 먹고 싶을 때 마음대로 먹는 자율배식을 할 수 없었다. 불행 중 다행으로(?) 카롱이의 강아지 시절에 나는 일이 바쁘지 않아 제때 생식을 챙겨 줄 수 있었다. 아마 그 시기에 내가 일이 많고 바빴다면 무럭무럭 자라야 할 성장기에 사료를 주어야 했을지도 모른다!
그리고 카롱이가 한 살이 될 때까지 밥 먹는 횟수를 하루에 4번, 3번, 2번으로 점차 줄여나갔다. 한 살이 된 이후부터는 낮 12시에 한 번 밥을 주었다. 세 살이 된 지금까지도 카롱이는 하루에 한 번 밥을 먹고 출출해질 때마다 간식을 먹는다. 아! 그리고 내가 가장 좋아하는 소리는 바로 밥 잘 먹고 나서 내는 카롱이의 트림 소리! 그 소리가 얼마나 귀여운지!

PART 1

01
재료 손질 TiP!

단백질
단백질은 생식과 화식으로 급여할 수 있다. 생식의 경우 고기를 한번에 먹기 좋은 크기로 잘라 놓거나 분쇄해 놓으면 급여할 때 수월하다. 신선한 고기를 구해 날것 그대로 급여할 경우 열로 영양소가 파괴되지 않아서 강아지가 더 많은 영양분을 흡수할 수 있다. 화식의 경우 볶거나 삶거나 찌는 등 열을 가해 조리한 뒤 급여하게 된다. 반려견이 입맛이 떨어졌을 때는 화식을 추천한다.

탄수화물
많은 양의 탄수화물을 섭취하면 뱃속에 가스가 많이 생긴다. 그러므로 탄수화물은 과하게 급여하지 않는 것이 좋다. 주로 오트밀, 현미, 고구마 등으로 급여하는데 주식보다 간식으로 급여한다. 소화하기 쉽도록 입자를 곱게 만들고 익혀서 급여한다.

채소
채소는 여러 가지를 조리해 퓌레 형태로 만들어 아이스큐브에 담아 얼려 두었다가 급여하면 된다. 나 역시 한 달에 한 번 채소 퓌레 만드는 날을 정해 놓고 있다.

Jaekyung's Talk

당근은 지용성 비타민인 베타카로틴이 들어 있어서 기름과 함께 조리하면 영양소의 흡수율이 더 높아지고 소화시키기에도 한결 편하다. 따라서 당근은 먹기 좋은 크기로 깍둑썰기를 한 후 프라이팬에 기름을 두르고 볶아 급여하는 것이 좋다.

잎채소의 경우 깨끗하게 씻은 후 팔팔 끓는 물에 살짝 데쳐 잘게 갈아 퓌레 형태로 급여한다. 초식동물의 뱃속에 있는 상태와 비슷하게 잘게 갈아서 급여할 경우 음식물의 소화, 흡수를 좋게 해주는 효과가 있다.

각종 채소는 조리를 한 후 아이스큐브에 담아 냉동 보관해 놓았다가 급여한다.

02

급여량과 급여 방법

상태 체크

- 정기적으로 몸무게를 체크한다.

- 평소에는 틈틈이 갈비뼈 부분을 손으로 만져 보며 급여량을 조절한다.

- 육안으로 보았을 때 갈비뼈가 도드라져 보이고 복부가 쏙 들어가 있는 경우, 손으로 만졌을 때 지방이 느껴지지 않고 갈비뼈의 딱딱한 감촉만 느껴지는 경우라면 아주 마른 상태이니 급여량을 늘려야 한다(1번 너무 마름 상태).

- 갈비뼈와 복부가 매끈하게 구분이 가고 만졌을 때 복부가 단단하면서 적당한 두께의 피하지방이 느껴진다면 현재 급여하고 있는 양 그대로 급여하면 된다(3번 이상적 상태).

- 육안으로 보기에 갈비뼈보다 배가 더 내려와 있고, 허리 주름이 보이지 않거나 엉덩이가 둥글게 부풀어 있고 만질 때 힘을 주어야만 갈비뼈가 만져진다면 비만이므로 급여량을 줄이고 운동량을 늘려야 한다(5번 매우 비만 상태).

- 임신견의 경우에는 평소 급여량에서 30% 정도를 추가해 급여한다. 임신으로 위를 압박하여 구토할 수도 있으므로 동일한 급여량을 하루 3~4번 나눠 급여하는 것이 좋다.

About Homemade Natural Food For Dog

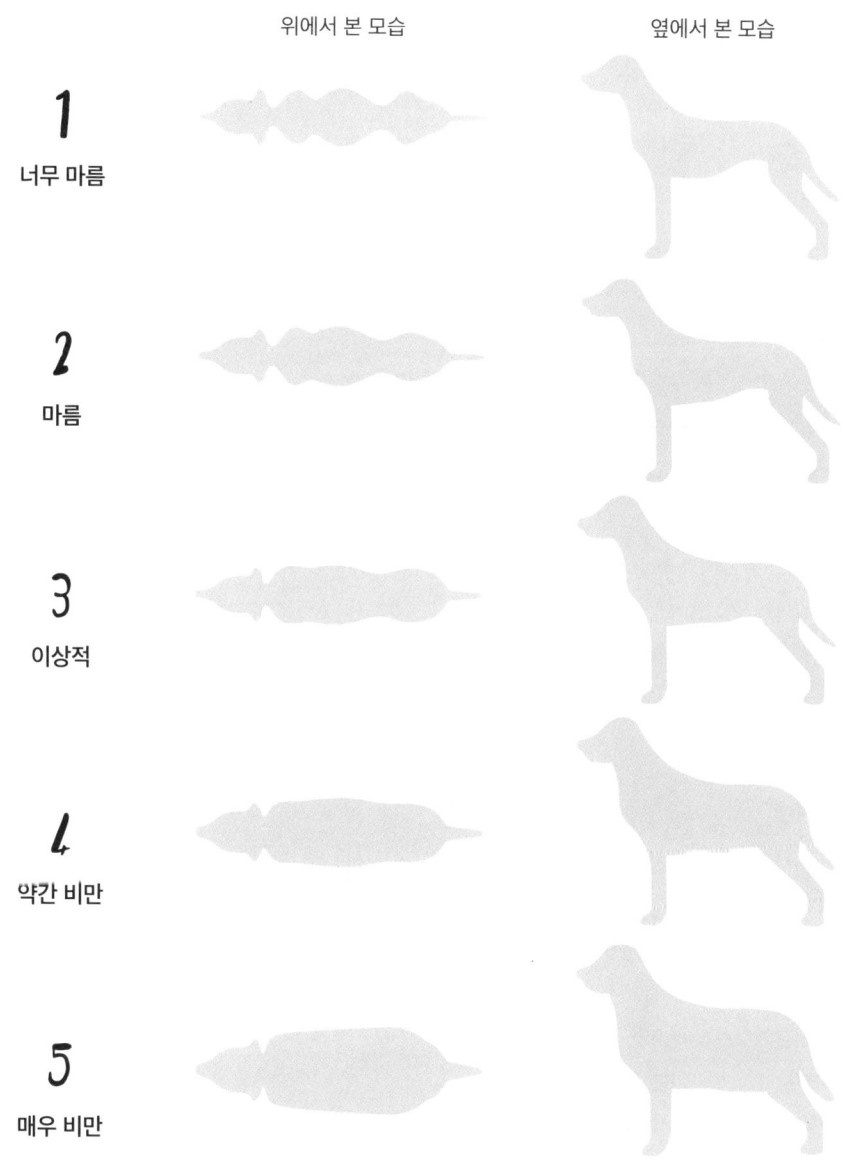

[강아지 상태 체크]

급여량 체크

성장기의 강아지는 체중당 성견이 필요로 하는 열량의 두 배를 급여하되, 체중이 불어나는 대로 수치를 대입해 계산하면 된다.

- 3개월 미만의 강아지: 210 x (몸무게kg)$^{0.75}$
- 3개월 이상, 1년 미만의 강아지: 175 x (몸무게kg)$^{0.75}$
- 1년 이상의 성견(중성화 수술을 하지 않은 경우): 132 x (몸무게kg)$^{0.75}$
- 1년 이상의 성견(중성화 수술을 한 경우): 112 x (몸무게kg)$^{0.75}$
- 8~10년 이상의 노견: 100 x (몸무게kg)$^{0.75}$

이렇게 계산된 양을 주었다고 해도 반려견의 상태를 지속적으로 체크해야 한다. 몸무게가 꾸준히 유지된다면 적정한 양을 급여하고 있는 것이다. 반대로 몸무게가 줄거나 늘어나면 급여량을 조절해야 한다. 또한 총 양도 중요하지만 필수영양소를 고르게 제공하는 것도 반드시 고려해야 하는 부분이다.

급여 횟수 체크

- 3개월 미만의 강아지는 하루 5번
- 3~5개월의 강아지는 하루 4번
- 6~9개월의 강아지는 하루 3번
- 10~12개월의 강아지는 하루 2번
- 12개월 이상의 강아지는 하루 1~2번

Dr's Talk

자견, 성견, 노견에 따라 급여량에 차이가 난다. 이는 나이에 따라 섭취해야 하는 에너지(칼로리)의 양이 다르기 때문이다. 동물에게 하루 적정하게 급여해야 하는 에너지의 양을 일일 유지 에너지(Daily Energy Requirement)라고 하며, 성견의 경우 $132 \times (몸무게kg)^{0.75}$으로 계산한다. 단위는 kcal다.

예를 들어 몸무게 4kg의 성견이 하루에 필요로 하는 에너지량은 $132 \times (4)^{0.75}$ kcal, 약 373kcal다. 소형견 자견의 경우 나이가 3개월 이하이면 $210 \times (몸무게kg)^{0.75}$ kcal가 일일 유지 에너지이고, 3개월이 넘어가면 $175 \times (몸무게kg)^{0.75}$ kcal를 제공한다. 성견이라고 해도 중성화 수술을 한 경우 일일 유지 에너지는 $112 \times (몸무게kg)^{0.75}$ kcal이고 노령견이 되면 $100 \times (몸무게kg)^{0.75}$ kcal를 제공하는 것을 추천한다.

중요한 것은 이렇게 계산된 양을 주었을 때 장기적으로 몸무게가 정상적으로 유지되어야 한다는 것이다. 이는 동물마다 개체 차이기 있기 때문이다. 따라서 이렇게 계산된 양을 주었는데 몸무게가 점점 늘면 양이 너무 많은 것이므로 조금 줄이는 것이 좋고, 반대인 경우 양을 늘리는 식으로 관리해야 한다. 생식하는 경우 각각의 식재료에 함유된 에너지 가를 체크하여 에너지의 총합을 앞서 언급한 공식에 해당되는 양만큼 주어야 한다.

또한 하루에 밥을 주는 횟수가 집집마다 다르므로 한 끼보다는 하루 단위로 필수영양소의 함량을 구성하는 것이 일반적이다. 우선 필수영양소인 물은 소형견의 경우 하루에 몸무게(kg) x 60ml 정도는 섭취해야 한다. 예를 들어 4kg의 강아지라면 하루 240ml의 수분을 섭취하게 한다. 수분 함량을 제외한 건물(dry matter) 기준으로 성견의 경우 내표적 영양소로 단백질 30%, 지방 14% 정도 급여하는 것이 좋다. 또한 자칫 결핍되기 쉬운 대표적 영양소 섭취에도 신경을 써야 한다. 길슘 0.6~1%, 인 0.5~0.8%, 아연 300mg/kg, 비타민D 1,000IU/kg, 어유(fish oil) 1.5ml 정도의 급여를 추천한다.

4. 밥 만드는 날
5. 마카롱의 주식, 생식
6. 물고 뜯고 맛보는 간식, 저키
7. 힘이 불끈, 특식
8. 소풍을 위한 맞춤간식, 쿠키
9. 특별한 날, 생일
10. 환절기 대비 보양식

PART 2. MAKING HOMEMADE NATURAL FOOD FOR DOG

홈메이드 자연식, 이렇게 만들어 보자

CHAPTER 4

MAKING DAY
밥 만드는 날

자연식을 급여하는 동안 많은 어려움을 겪으며 완성한 비밀 레시피
만능 파우더 만들기

story 04

"부모가 되는 일이 이렇게나 힘든 일이라니…"

마카롱's say

으아아아아, 오늘이 바로 그날인가 봐요!!! 내가 가장 참기 힘들어 하는 날!!!!! 바로 바로 한 달에 한 번 엄마가 내 밥을 만드는 날이에요! 온 집안이 맛있는 냄새로 가득해요! 그리고 부엌에 가면 온갖 종류의 음식이 가득 있답니다! 근데 엄마가 자꾸 옆에서 어슬렁거리지 말래요! 힝, 저 맛있는 것들을 눈앞에 두고 어떻게 가만히 있냐고요! 엄마가 아무리 거실에 가 있으라고 해도 난 엄마 옆에 찰싹 붙어 있을 거예요!
그럼 콩고물이라도 떨어지지 않을까요…?!

재경's say

으아아아아, 오늘이 바로 그날이다!!! 내가 가장 힘들어 하는 날!!!!! 바로 바로 한 달에 한 번 카롱이 밥을 만드는 날…. 하하하… 카롱이에게 밥을 만들어 주기 위해 먼저 이번 달에 먹일 밥의 레시피를 짜고, 구입해야 할 재료 목록을 만든다. 그리고 집 근처 마트에 가서 장을 본다. 마트에서는 주로 채소나 곡물을 사고, 동네 정육점으로 가서 고기를 사는데 정육점 아저씨랑 친해지면 신선한 내장을 구할 수 있어 아주 좋다. 그렇게 필요한 재료를 다 사고 나면 집에서 본격적으로 조리 시작. 마카롱의 코를 자극하는 그 순간!
일단 고기는 냉장 보관하고, 채소를 하나하나 손질한다. 잘게 썰거나, 분쇄기로 갈거나, 볶거나, 데치거나…. 그렇게 채소를 다 손질하고 나면 한 곳에 모아 채소 퓌레를 만들고 한 달간 카롱이에게 필요한 영양제까지 곱게 갈아 넣는다. 다음은 냉장실에서 고기를 꺼내 퓌레와 함께 섞는다. 고기와 채소 퓌레가 잘 섞이면 지율을 이용해 하루에 먹을 양만큼 나눠 포장한다.
여기서 포인트는 신선함을 잃지 않기 위해 모든 과정을 초스피드로 진행해야 한다는 것! 이렇게 소분한 카롱이 밥은 냉동실에 보관하고 급여하기 하루 전날 냉장실에서 해동한 후 급여한다. 한 달에 한 번 밥 만드는 날은 아주 힘들지만 잘 먹는 카롱이의 모습을 보면 피로가 싹 가신다. 역시 나는 마카롱 엄마인가 보다.

"맛있는 조미료, 건강 파우더 만들기"

매일매일 새로운 음식을 만드는 것은 많은 노력과 시간을 필요로 한다. 사실 나조차 삼시 세끼를 모두 챙겨 먹으며 살고 있지 않다. 사먹을 때도 있고, 시켜먹을 때도 있고, 가끔은 건너뛰기도 한다. 그런 내가 카롱이를 위해 매일 요리를 한다는 것은 내 라이프스타일을 고려하지 않은 열정이라고 생각했다. 물론 자연식을 시작하고 처음 얼마 동안은 신나게 요리하고 부지런히 만들어 먹었다. 히지민 그긴 내가 일을 쉬고 있었기에 가능했다.

열정 넘치던 시기가 지나고 어떻게 하면 일하면서도 스트레스를 덜 받고 자연식을 급여할 수 있을까 고민했다. 그 결과 미리 조미료를 만들어 놓고 요리할 때 만들어 두었던 조미료를 이용해 훨씬 수월하게 카롱이에게 맛있는 밥을 만들어 줄 수 있었다. 사실 말이 거창해서 조미료지 카롱이가 좋아하는 다양한 재료를 건조시킨 후 분쇄해서 냉동 보관하는 것이 전부다. 그러나 간단하게 만들었다고 무시하면 안 된다. 때로는 음식의 토핑으로, 때로는 요리의 재료로 다양하게 사용할 수 있다.

강아지가 입맛이 없을 때 조미료처럼 사용하거나, 부족한 영양분을 채워 주는 영양제처럼 사용해도 된다. 짧은 시간 급하게 강아지 밥을 만들 때 특히 유용하다. 파우더 입자의 크기는 강아지의 이빨 상태, 식습관 등에 따라 조절하면 된다. 단 입자가 날카로우면 위험할 수 있으니 주의한다.

PART 2

know-how
01

달걀 칼슘 파우더
EGG Calcium POWDER

냉동 보관: 2개월 이내 급여   냉장 보관: 1주일 이내 급여

준비물(완성 후 50g)

달걀 껍데기 10개

조리법

1. 달걀 껍데기를 흐르는 물에 깨끗하게 세척합니다. 물로만 씻는 게 불안하다면 베이킹 소다로 문질러 세척합니다.

2. 오븐이나 전자레인지를 이용해 세척한 달걀 껍데기를 구워 주세요. 오븐은 160도에서 약 10분, 전자레인지는 2분 간격으로 물기가 없어질 때까지 3-4회 돌립니다.

3. 믹서기나 분쇄기를 이용해 구운 달걀 껍데기를 곱게 갈아 줍니다.

4. 밀폐용기에 담아 냉동 보관합니다.

파우더 입자의 크기는 강아지의 이빨 상태나 식습관에 따라 조절하면 되는데, 입자가 너무 크면 날카로워서 위험할 수 있으니 주의할 것!

Dr's Talk

달걀 껍데기의 주성분은 탄산칼슘으로 강아지에게 부족한 칼슘을 채워 줄 수 있다. 무엇보다 칼슘 영양제를 사는 것보다 구하기도 쉽고 경제적이라는 게 장점이다.
(달걀 한 개로 1티스푼 정도의 파우더를 만들 수 있으며, 그 속에는 약 1,800mg의 칼슘이 들어 있다.)

PART 2

멸치 파우더
anchovy powder

냉동 보관: 2개월 이내 급여   냉장 보관: 1주일 이내 급여

준비물(완성 후 50g)

멸치 150g

조리법

1. 멸치를 찬물에 6시간 이상 담가 둡니다.
2. 물에 담가 둔 멸치를 팔팔 끓는 물에 5분간 끓여 염분을 제거합니다.
3. 페이퍼 타올로 물기를 제거한 후 프라이팬에 볶거나 전자레인지에서 건조시킵니다.
4. 건조된 멸치를 분쇄기에 갈고 밀폐용기에 담아 냉동 보관합니다.

멸치 파우더는 사람을 위한 식사에도 활용할 수 있다. 천연 조미료로 육수를 우려낼 때 사용하거나 요리에 넣어 먹으면 감칠맛이 난다.

Dr's Talk

멸치 파우더에는 단백질, 칼슘, 마그네슘이 풍부하고 적정한 양의 아연, 셀레늄, 나이아신 등이 함유되어 있다. 셀레늄은 항산화 영양소, 나이아신은 비타민 B의 일종인 필수영양소다. 따라서 멸치 파우더를 섭취할 경우 칼슘과 마그네슘의 기능으로 골격 발달에 도움이 되며, 아연의 섭취로 피부 보호, 고관절 강화 효과를 얻을 수 있다.

Making Homemade Natural Dog Food

know-how
03

연어 파우더
Salmon Powder

냉동 보관: 2개월 이내 급여   냉장 보관: 1주일 이내 급여

준비물(완성 후 50g)

연어 300g,
식초 1큰술

조리법

1. 연어를 식초 물에 넣어 소독합니다.
2. 건조기를 70도로 맞춘 후 연어를 넣고 15시간 이상 건조시킵니다.
3. 잘 건조된 연어는 껍질이 쉽게 분리되므로 껍질은 제거하고 살코기만 믹서에 갈아 주세요.
4. 밀폐용기에 담아 냉동 보관합니다.

연어 파우더는 사람이 함께 먹어도 된다. 파우더를 만들고 남은 연어 껍질은 조금 더 건조시켜 저키로 만들면 간식으로도 안성맞춤이다.

Dr's Talk

연어 파우더에는 단백질, 인, 셀레늄, 비타민 D, 오메가 3 지방산 (EPA/DHA)이 상대적으로 많이 함유되어 있다. 비타민 D와 인은 골격 발달에 도움이 되고, 오메가 3 지방산은 항염증 작용과 혈류 개선 작용을 한다.

Making Homemade Natural Food For Dog

know-how
04

황태 파우더
Dried Pollack Powder

냉동 보관: 2개월 이내 급여   냉장 보관: 1주일 이내 급여

준비물(완성 후 50g)

황태 150g

조리법

1. 황태를 찬물에 6시간 이상 담가 둡니다.
2. 찬물에 담가 둔 황태를 팔팔 끓는 물에 5분간 끓여 염분을 제거합니다.
3. 페이퍼 타올로 물기를 제거하고 한 후 프라이팬에 볶거나 전자레인지에서 건조시킵니다.
4. 건조된 황태를 분쇄기에 갈고 밀폐용기에 담아 냉동 보관합니다.

황태는 분쇄하지 않고 건조한 상태로 두고 간식으로 급여해도 좋다.

Dr's Talk

황태 파우더에는 단백질과 칼슘이 풍부하고 상대적으로 철(Fe), 오메가 3 지방산의 함유량이 높다. 따라서 황태 파우더를 먹으면 적혈구를 구성하는 헤모글로빈과 근육세포를 구성하는 미오글로빈 합성에 필수영양소인 철을 충분히 섭취할 수 있다.

PART 2

know-how 05

닭 파우더
CHICKEN POWDER

냉동 보관: 2개월 이내 급여   냉장 보관: 1주일 이내 급여

준비물(완성 후 50g)

닭 가슴살 300g,
식초 1큰술

조리법

1. 닭 가슴살을 식초 물에 넣어 소독합니다.
2. 소독한 닭 가슴살을 흐르는 물에 헹궈줍니다.
3. 닭 가슴살을 알맞은 크기로 자른 후 페이퍼 타월로 물기를 제거합니다.
4. 건조기에 넣고 70도에서 10시간 이상 건조시킵니다.
5. 건조한 닭 가슴살을 분쇄기에 갈고 밀폐용기에 담아 냉동 보관합니다.

Dr's Talk

닭 파우더는 풍부한 단백질과 높은 함량의 미네랄(특히 인)을 함유하고 있다. 단백질의 경우 강아지의 신체를 구성하고, 체내 대사를 위한 여러 가지 물질을 수송한다. 또한 신호 전달, 면역 기능의 발달을 위한 필수영양소이기 때문에 강아지의 발육에 많은 도움이 된다. 인도 골격과 세포막을 구성하는 역할을 하기 때문에 닭 파우더는 성장기 강아지에게 특히 도움이 된다.

Making Homemade Natural Food For Dog

know-how 06

소고기 파우더
BEEF POWDER

냉동 보관: 2개월 이내 급여   냉장 보관: 1주일 이내 급여

준비물(완성 후 50g)

사태, 우둔살 등
지방이 적은 부위 300g,
식초 1큰술

조리법

1. 소고기를 식초 물에 넣어 소독합니다.
2. 소독한 소고기를 알맞은 크기로 자른 후 페이퍼 타월로 물기를 제거합니다.
3. 건조기에 넣고 70도에서 10시간 이상 건조시킵니다.
4. 건조한 소고기를 분쇄기에 갈고 밀폐용기에 담아 냉동 보관합니다.

Dr's Talk

필수아미노산은 체내에서 자연적으로 합성할 수 없는 아미노산으로 반드시 음식물을 통해 섭취해야만 하는 영양소다. 단백질과 지방이 풍부한 소고기 파우더는 필수아미노산 섭취와 에너지 공급에도 도움이 된다.

PART 2

know-how
07

아마씨 파우더
LINSEED POWDER

냉동 보관: 2개월 이내 급여   냉장 보관: 1주일 이내 급여

준비물(완성 후 50g)

아마씨 60g

조리법

1. 프라이팬에 기름을 두르지 않고 아마씨를 수분이 없어질 정도로만 볶아 주세요.
2. 볶은 아마씨를 분쇄기에 곱게 갈아 준 후 밀폐용기에 담아 냉동 보관합니다.

아마씨 파우더는 사람이 먹어도 영양 만점이다. 파우더 형태 또는 분쇄 전에 볶은 형태로 시리얼에 넣어 먹으면 맛과 영양을 동시에 충족시킬 수 있다.

Dr's Talk

아마씨 파우더에는 비타민 E와 오메가 3 지방산의 일종인 알파-리놀렌산이 풍부하다. 비타민 E는 항산화 영양소로 체내 활성 산소를 제거하고 노화를 방지하는 역할을 한다. 알파-리놀렌산은 항염증 작용과 혈류 개선 작용을 한다.

현미 파우더
bROWN RiCE POWdER

냉동 보관: 2개월 이내 급여   냉장 보관: 1주일 이내 급여

준비물(완성 후 50g)

현미 60g

조리법

1. 현미를 흐르는 물에 씻은 후 물기를 제거합니다.
2. 프라이팬에 기름을 두르지 않고 현미를 수분이 없어질 정도로 볶아 줍니다.
3. 분쇄기로 곱게 갈아 준 후 밀폐용기에 담아 냉동 보관합니다.

Dr's Talk

현미 파우더는 주로 탄수화물을 공급하는 역할을 한다. 탄수화물은 포도당으로 전환되어 신속하게 에너지를 만든다. 따라서 강아지의 에너지 향상에 도움이 된다. 그밖에도 현미에는 세포 노화를 방지하는 망간과 생명 유지에 필수적인 나이아신 등이 상대적으로 많이 들어 있다.

오트밀 파우더
OatmEal POWdER

냉동 보관: 2개월 이내 급여   냉장 보관: 1주일 이내 급여

준비물(완성 후 50g)

오트밀 50g

조리법

1. 오트밀을 분쇄기에 갈아 주기만 하면 완성!

   오트밀은 갈지 않고 그대로 조리해도 괜찮지만 쿠키, 타르트 등 다른 요리에 넣을 때는 분쇄 후 사용하는 것이 좋다. 따라서 파우더로 만들어 놓으면 여러 요리에 활용할 수 있다.

Dr's Talk

오트밀 파우더는 주로 탄수화물을 공급하는 역할을 한다. 또한 항산화 영양소 셀레늄, 적혈구 합성에 관여하는 엽산, 에너지 생산에 필수적인 영양소이며 피부, 피모 건강에 도움이 되는 나이아신 등의 영양소가 상대적으로 많이 들어 있다.

Making Homemade Natural Food For Dog

know-how
10

병아리콩 파우더
CHICKPEA POWDER

냉동 보관: 2개월 이내 급여   냉장 보관: 1주일 이내 급여

준비물(완성 후 50g)

병아리콩 60g

조리법

1. 병아리콩을 흐르는 물에 씻은 후 물기를 제거합니다.
2. 프라이팬에 기름을 두르지 않고 병아리콩을 수분이 없어질 정도로만 볶아 주세요.
3. 분쇄기에 곱게 갈아 준 후 밀폐용기에 담아 냉동 보관합니다.

Dr's Talk

병아리콩 파우더는 단백질과 탄수화물, 필수지방산인 오메가 6 지방산을 골고루 함유하고 있다. 필수지방산인 오메가 6 지방산은 피부의 건강과 생식기관의 발달에 도움을 준다. 또한 칼슘과 인의 함량 비율이 1:1로 균형을 이루고 있으며, 엽산의 함량도 많다.

CHAPTER 5

EATING RAW

마카롱의 주식, 생식

마카롱의 주식은 채소와 고기를 섞은 생식
마카롱은 맛있게 먹고, 나는 쉽게 만드는 방법 완성!

story 05

"이제는 능숙하게!"

마카롱's say

어라? 오늘은 왜 고기 냄새가 안 나지…?
오늘은 분명 엄마가 한 달에 한 번 요리하는 날인데….
왜 채소 냄새밖에 안 나는 거지…? 엄마, 이제 나 채식주의견 되는 거예요…?

재경's say

걱정하지 않아도 괜찮아, 마카롱! 엄마가 지난 몇 달간 해온 방식으로 너의 밥을 계속 만들다가는 엄마의 일이 너무 바빠지면 자연식을 중도 포기하게 될 것 같아서 새로운 방법을 연구했지! 그리고 엄마는 네게 다양한 고기를 맛보게 해주고 싶은데 동네 정육점이나 마트에서 구할 수 있는 고기는 너무 한정적이거든.
인터넷을 구석구석 살피다가 반려동물을 위한 생식 사이트가 여러 곳 있다는 것을 알았어! 그 사이트에서는 다양한 종류의 고기도 구입할 수 있고 급여하기 좋은 상태로 분쇄해 판매하고 있더라고. 그래서 이제 고기는 인터넷으로 주문하고 채소 퓌레만 만들어 아이스큐브에 얼려 두고 네게 줄 때마다 고기와 채소 퓌레 한 조각씩 섞어 주려고 해. 이렇게 하니까 너무 편한 거 있지!!!!! 정육점에서 구입할 때보다 고기를 더 저렴하게 구할 수도 있고! 이제는 우왕좌왕하지 않는 프로 개엄마가 된 거지! 후훗!

PART 2

Recipe 01

코티지 치즈
Cottage Cheese

냉장 보관: 1주일 이내 급여

준비물

우유 1리터,
식초(또는 레몬즙) 1큰술,
면 보자기,
기름망

조리법

1. 우유 1리터를 냄비에 넣고 약한 불로 끓여 주세요. 이때 주걱으로 우유를 계속 저어 주어야 타지 않습니다.

2. 우유를 계속 저으며 끓이다가 표면에 얇은 막이 생기면 제거합니다.

3. 조금씩 끓어오를 때 재빨리 식초(또는 레몬즙) 1큰술을 넣어 주세요.

4. 주걱으로 식초가 골고루 섞이도록 휘젓고 나서 바로 불을 끄고 5분간 식혀 줍니다.

5. 준비한 면 보자기를 기름망 위에 씌우고 냄비 속 내용물을 부어 건더기만 건져냅니다.

6. 면 보자기의 네 귀퉁이를 한데 모아 잡고 물기를 짜면 완성!

마지막에 면 보자기에 담아 물기를 짜줄 때 꽉 짜면 단단한 치즈가 되고, 적당히 짜면 부드러운 치즈가 된다. 강아지의 기호에 따라 조절하면 된다. 사람도 함께 먹을 수 있으며, 만드는 방법은 동일하다. 처음 우유를 끓일 때 소금을 두 꼬집 정도 넣으면 간이 딱 맞다. 강아지가 어렸을 때부터 우유를 꾸준히 먹어 온 경우가 아니라면 소화를 시키지 못할 수 있다. 그때는 락토프리 우유를 사용하는 것이 좋다.

Dr's Talk

코티지 치즈는 주로 단백질과 지방을 제공한다. 그런데 이 코티지 치즈에는 단백질의 일종인 카세인(Casein)이 많이 함유되어 있다. 카세인은 소화 흡수율이 99%이며, 필수아미노산을 골고루 함유하고 있는 우수한 단백질이다. 또한 카세인에는 진정 효과가 있어 스트레스를 완화시킨다. 따라서 스트레스를 받을 수 있는 상황에 놓였을 때 강아지에게 코티지 치즈를 먹이면 도움이 된다.

PART 2

채소 퓌레
VEGETABLE PURÉE

냉동 보관: 1개월 이내 급여   냉장 보관: 당일 급여

준비물 (고기:퓌레=7:3으로 급여 시 10일 분량)

브로콜리 200g,
당근 ½개,
사과 ½개,
새송이버섯 75g,
청경채 50g,
블루베리 25g

조리법

1. 브로콜리와 청경채는 끓는 물에 데치고, 새송이버섯과 당근은 기름 두른 팬에 볶아 준비합니다.
2. 사과는 씨앗을 제거해 준비합니다.
3. 1과 2의 재료와 블루베리를 잘 섞어 분쇄기로 갈아 주세요.
4. 소분해서 냉동 보관합니다.

그때그때 신선한 채소와 과일을 퓌레의 재료로 쓴다. 카롱이의 경우 녹색채소, 황색채소 등 다양한 색의 채소와 과일을 골고루 섞어 주고 있다. 또한 강아지가 평소에 잘 먹지 않는 영양제나 약 등을 퓌레에 섞어 급여하면 거부감 없이 잘 먹으니 참고하자.

Dr's Talk

브로콜리와 청경채, 새송이버섯의 궁합이 특히 좋다. 브로콜리는 항산화 영양소가 많이 들어 있고 청경채는 칼슘, 새송이버섯에는 비타민 D와 베타글루칸이라는 성분이 다량 함유되어 있다. 따라서 각각의 식재료는 다른 식재료가 부족하게 가지고 있는 영양소를 보완하는 역할을 한다. 해당 재료를 모두 섞어 먹이면 항산화 영양소, 비타민 A, 루테인, 식이섬유를 충분히 공급할 수 있어 노화 지연, 눈의 발달, 생식기 발달에 도움이 된다. 또한 장내 정상 미생물 발달에 도움이 되어 장 기능이 좋아지며, 비만 예방에도 도움이 된다.

생고기 + 채소 퓌레
RAW MEAT + VEGETABLE PUREE

냉동 보관: 1개월 이내 급여   냉장 보관: 3~4일 이내 급여

준비물(4kg 마카롱 기준으로 한 끼 분량 / 1달 분량은 고기 3.5kg, 퓌레 1.5kg)

기름기가 적고 신선한 고기 105g, 채소 퓌레 45g

조리법

1. 고기는 생으로 먹어도 될 정도로 신선한 것을 준비합니다.
2. 고기와 채소 퓌레의 비율이 7 : 3 이 되도록 잘 섞어 주세요.
3. 뼈도 함께 분쇄한 고기일 경우 추가적으로 칼슘제를 넣지 않아도 되지만 살코기만 분쇄한 경우에는 칼슘보조제도 함께 넣어 주세요.
4. 소분해서 냉동, 냉장 보관합니다.

Dr's Talk

강아지가 반드시 섭취해야 하는 영양소로 필수아미노산, 필수지방산, 각종 미네랄과 일부 비타민이 있다. 위의 식단으로 생식을 진행하면 육고기를 통해 필수아미노산, 식물성 기름과 어류의 공급을 통해 필수지방산은 섭취할 수 있다. 달걀 껍질 파우더와 멸치 피우더 등으로 미네랄, 각종 채소를 통한 비타민 섭취도 가능하다. 즉 강아지가 건강한 상태라면 생고기+채소 퓌레 식단만으로 필수영양소를 골고루 섭취할 수 있다.

그러나 강아지의 건강에 특정한 변화가 있다면 식단과 더불어 상태를 개선하기 위한 목적으로 영양제를 급여하는 것이 좋다. 예를 들어 임신, 수유기의 경우 칼슘과 엽산, 철 등이 많이 함유된 고열량 보충제를 급여하는 것이 도움이 된다. 관절 질환이 있으면 글루코사민+콘드로이틴, 아연, 비타민 C합제 등의 영양제, 노령화 단계에 있으면 각종 항산화 영양소가 들어 있는 보조제를 추가로 급여할 수 있다. 만성적으로 설사를 하는 경우라면 유산균+식이섬유 합제의 추가적 공급을 권장한다.

Recipe
04

수제 사료 - 소고기
HOMEMADE DOG FOOD with BEEF

냉동 보관: 1개월 이내 급여   냉장 보관: 1주일 이내 급여

Making Homemade Natural Food For Dog

준비물(4kg 마카롱 기준으로 한 끼 분량)

소고기 300g,
단호박 100g,
쌀 파우더 35g,
오트밀 파우더 25g,
아마씨 파우더 10g,
황태 파우더 15g,
당근 10g,
브로콜리 10g,
파프리카 5g,
올리브유 2큰술
(홍화씨유, 카놀라유 등으로 대체 가능)

조리법

1. 소고기는 갈고, 단호박은 푹 익힌 후 으깨어 준비합니다.
2. 당근과 파프리카는 잘게 썰어 올리브유에 볶은 후 분쇄기로 갈아 준비합니다.
3. 브로콜리는 끓는 물에 데친 후 분쇄기로 갈아 준비합니다.
4. 커다란 믹싱볼에 모든 재료를 넣고 잘 섞어 주세요.
5. 잘 섞은 재료를 1cm 지름의 긴 원기둥 모양으로 만들어 주세요.
6. 170도로 예열한 오븐에 15분간 구워 주면 완성!

소고기는 되도록 지방이 적은 우둔살, 사태 등의 부위로 준비한다. 소고기를 닭고기, 양고기, 말고기, 메추리고기, 연어 등 다른 재료로 대체해도 된다.

Dr's Talk

매일 먹는 기본식의 경우 영양 균형에 특히 신경을 써야 한다. 단호박과 소고기를 활용한 수제 사료 레시피의 경우 비타민 A는 충분하게 섭취할 수 있지만 칼슘, 아연, 비타민 D, 콜린 등의 영양소가 부족할 수 있다. 이때 칼슘은 레시피에 포함된 황태 파우더 외에 앞서 소개한 달걀 껍질 파우더와 멸치 파우더를 활용하면 보충할 수 있다. 비타민 D와 콜린은 달걀 노른자를 조금 추가해도 보충이 가능하다. 아연의 경우 간식이나 보조제를 활용해 영양소를 채워 준다.

소고기를 껍질을 제거하지 않은 닭고기로 대체하는 것도 좋다. 닭고기 껍질에는 오메가 6 지방산이 많이 함유되어 있어 성장에 도움이 되고, 콜레스테롤 대사를 좋게 하는 역할도 한다. 또한 오메가 6 지방산 함유가 낮은 올리브 오일보다는 오메가 6 지방산 함유가 높은 홍화씨유나 유기농 콩기름, 유기농 옥수수기름으로 볶아 주는 것을 권한다.

오메가 6 지방산은 불포화지방산으로 필수지방산이다. 리놀렌산이나 감마리놀렌산의 형태로 식물성 기름에 많이 함유되어 있으며, 피부 건강과 윤기 있는 피모를 만드는 데 도움이 된다. 리놀렌산을 섭취하면 체내에서 아라키돈산이라는 물질로 변환되는데, 아라키돈산은 면역 기능 발달에 도움을 준다. 다만 신부전이 있는 경우 오메가 6 지방산의 과도한 섭취는 오히려 해를 끼칠 수 있으므로 주의해야 한다.

CHAPTER 6

JERKY

물고 뜯고 맛보는 간식, 저키

이빨이 나오는 시기에는 마음껏 물고 뜯으며 스트레스 해소까지 가능한
저키 간식이 안성맞춤!

story 06

"이빨이 나오나 봐요! 잇몸이 간지러워요!"

마카롱's say

잇몸이 근질거려서 미치겠어요!!! 이게 무슨 일이래요!!! 눈에 보이는 것 모두 물어뜯고 싶어요! 어떡하죠…? 지금 내 눈앞에………… 엄마의 핸드백이 보여요. 으흐흐흐흐흐, 씹는 맛이 제법일 것 같아요. 으흐흐흐!!

재경's say

카롱아! 그 핸드백 물어뜯으면 널… 정말 미워할지도 몰라. 하하. 내가 그전에 잇몸의 간지러움을 해소할 수 있는 간식을 줄게!!! 기다려!!!!! 이빨이 하나둘씩 나오고 호기심과 장난기도 함께 자라났던 카롱이의 성장기에 '장난감'이라는 것에 대한 인식을 심어 주는 게 중요했다. 카롱이가 '물어뜯어도 되는 것'과 '물어뜯으면 안 되는 것'에 대해 확실하게 구별할 수 있어야 한다고 생각했다.
그래서 카롱이가 장난을 치고 싶어 하면 사람의 손이 아닌 장난감을 물려 주었고, 잇몸이 간지러워 무언가를 씹고 싶어 하면 가죽으로 된 물건이나 전선이 아닌 카롱이가 먹을 수 있는 간식을 주었다. 덕분에 그 시기에는 카롱이에게서 한순간도 눈을 뗄 수 없었다.
물론 부득이하게 카롱이가 하면 안 되는 행동을 했을 때는 '우르르쾅쾅'을 사용하기도 했다. 덕분에 카롱이와 나는 물어뜯는 것에 대해 그 어떤 문제나 불편함 없이 잘 생활하고 있다.
잘 자라 주어 고마워, 카롱아!

"강아지와 소통하기"

강아지와 함께 생활하려면 나도, 강아지도 서로 노력해야 한다. 그렇기에 서로 소통할 수 있는 언어도 필요하고, 그 언어를 강아지에게 알려 주는 과정도 필요하다. 내 경우에는 '클리커'를 이용해 카롱이와 대화하는 법을 터득했다. 클리커 트레이닝은 행동심리학자 스키너와 파블로프의 학습 이론을 응용해 개발한 비강압적 훈련법이다.

강아지가 내가 원하는 행동을 할 때마다 클릭 소리를 들려 주고 바로 간식이나 칭찬으로 보상을 해준다. 그러면 강아지는 '클릭 소리가 들리면 기분 좋은 일이 일어난다'라고 인식해 강압적으로 훈련하지 않아도 사람이 원하는 방향으로 행동을 유도할 수 있다. 또 다른 소통 방법은 '우르르쾅쾅 트레이닝'이다. 이건 내가 카롱이와 살며 터득한 트레이닝 방법이다.

클리커 트레이닝 방법

1. 클리커를 사용한 후 바로 간식을 주어 '클릭 소리=기분 좋은 일' 이라는 인식을 심어 준다.
2. '앉아'를 예로 들어 설명하면 강아지가 앉아 있는 순간 클리커를 울리고 간식을 준다. 이때 "앉아"라고 말하지 않아도 된다. 그저 강아지가 앉아 있는 순간마다 계속 클리커를 울려 주면 된다. 그 과정을 반복하며 강아지가 '앉아 있는 것=클릭=기분 좋은 일이 일어난다'라는 것을 깨닫게 해준다.
3. '앉아 있는 것=클릭=기분 좋은 일이 일어난다'라는 과정을 인지한 강아지는 사람 앞에 와서 보란 듯이 앉아 있는다. 그럼 이제 "앉아"라는 명령어를 붙여 그 행동이 '앉아'라는 것을 인지시켜 준다.

우르르쾅쾅 트레이닝

클리커는 좋은 행동을 할 때, 좋은 방향으로 행동을 유도할 때 아주 좋은 트레이닝 방법이다. 클리커 트레이닝은 좋은 방향으로만 행동을 유도해 좋지 않은 행동을 줄인다는 데 초점이 맞춰져 있다. 하지만 나는 카롱이와 생활하면서 늘 칭찬만으로 트레이닝하는 것이 불가능하다고 판단했다. 이후 어떻게 하면 나쁜 행동이 교정될 수 있을까 고민하게 되었다.

그렇게 해서 클리커와는 반대로 '나쁜 행동=무서운 소리가 들린다'고 인식시켜 주는 방법을 생각해 내게 되었다. 예를 들어 헛짖음이 생길 무렵 카롱이가 짖으면 바로 우르르쾅쾅을 세차게 흔들었다. 이런 과정을 반복하다 보니 카롱이에게 '짖는 것=무서운 소리가 들린다=하면 안 되는 행동'이라는 인식이 생기게 되었다. 우르르쾅쾅 덕분에 하면 안 되는 행동을 교정할 수 있었다.

우르르쾅쾅은 다 마신 음료 페트병을 깨끗하게 세척해 돌이나 구슬을 넣어 만들면 된다.

Making Homemade Natural Food For Dog

Recipe
05

고구마 스틱
SWEEt POtatO STICK

냉동 보관: 2개월 이내 급여   냉장 보관: 1주일 이내 급여

준비물(완성 후 200g)

고구마 500g

조리법

1. 고구마를 깨끗하게 씻은 후 찜기에 넣어 찌거나 오븐을 이용해 익힙니다.

2. 익힌 고구마를 강아지가 먹기 좋은 크기로 잘라 줍니다.

3. 자른 고구마를 건조기에 넣고 70도에서 6시간 정도 건조하면 완성!

Dr's Talk

고구마는 주로 탄수화물과 베타카로틴(비타민 A)을 많이 함유하고 있다. 특히 비타민 A는 눈과 생식기 발달에 도움이 된다. 다만 간질환이 있는 경우에는 고구마를 재료로 하는 간식은 주지 않는 것이 좋다. 비타민 A를 과다 섭취하면 간에 부담을 주기 때문이다.

PART 2

Recipe 06

소 떡심 저키
BEEF JERKY

냉동 보관: 2개월 이내 급여 냉장 보관: 1주일 이내 급여

준비물(완성 후 250g)

소 떡심 500g

조리법

1. 소 떡심의 지방을 제거합니다.
2. 지방을 제거한 떡심을 끓는 물에 삶아 주세요.
3. 페이퍼 타올로 삶은 떡심의 물기를 제거한 후 가위로 강아지가 먹기 좋은 크기로 잘라 줍니다.
4. 자른 떡심을 건조기에서 60도로 10시간 정도 건조하면 완성!

Dr's Talk

소 떡심은 씹는 맛을 즐길 수 있게 하면서 단백질 공급을 도와주는 간식이다.

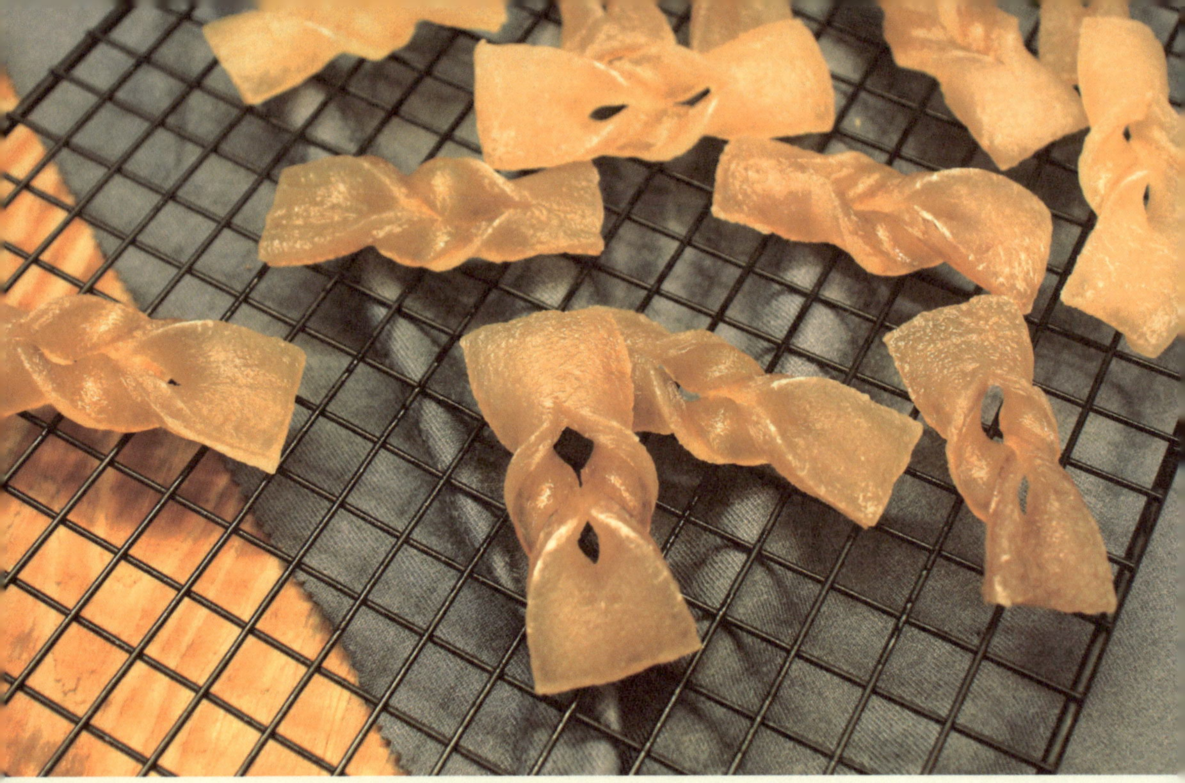

Recipe
07

돼지 껍데기 저키
PORK Rind JERKy

냉동 보관: 2개월 이내 급여   냉장 보관: 1주일 이내 급여

준비물(완성 후 150g)

돼지 껍데기 500g

조리법

1. 돼지 껍데기를 끓는 물에 삶아 주세요.
2. 삶은 돼지 껍데기 뒷면의 지방은 칼을 세워 긁어 제거합니다.
3. 페이퍼 타월로 물기를 제거한 후 강아지가 먹기 좋은 크기로 잘라 주세요.
4. 건조기에서 60도로 10시간 정도 건조하면 완성!

Recipe 08

돼지 귀 저키
PORK EARS JERKY

냉동 보관: 2개월 이내 급여   냉장 보관: 1주일 이내 급여

쥬비물(완성 후 40g)

돼지 귀 1쌍

조리법

1. 돼지 귀를 끓는 물에 삶아 주세요.
2. 페이퍼 타올로 물기를 제거한 후 강아지가 먹기 좋은 크기로 잘라 주세요.
3. 건조기에서 60도로 10시간 정도 건조하면 완성!

Making Homemade Natural Food For Dog

Recipe 09

우족 저키

BEEF FEET JERKY

냉동 보관: 2개월 이내 급여 냉장 보관: 1주일 이내 급여

준비물(완성 후 600g)

우족 1kg

조리법

1. 우족을 6시간 정도 찬물에 담가 핏물을 제거합니다.
2. 틈틈이 물을 갈아 주며 핏물을 완전히 없애줍니다.
3. 더 이상 핏물이 나오지 않으면 페이퍼 타월로 물기를 제거합니다.
4. 건조기에서 70도로 8시간 정도 건조하면 완성!

Dr's Talk

돼지 껍데기와 돼지 귀, 우족은 모두 단백질과 지방을 주로 공급한다. 다만 신부전 증상이 있거나 고지혈증 위험이 있으면 급여하지 않는 것이 좋다.

Making Homemade Natural Food For Dog

닭 가슴살 저키
CHICKEN BREAST JERKY

냉동 보관: 2개월 이내 급여　냉장 보관: 1주일 이내 급여

준비물(완성 후 150g)

닭 가슴살 450g,
식초 1큰술

조리법

1. 닭 가슴살을 식초 물에 넣어 소독합니다.
2. 소독한 닭 가슴살을 흐르는 물에 헹궈 주세요.
3. 페이퍼 타올로 물기를 제거한 후 세로 방향으로 1.5~2cm 두께로 잘라 주세요.
4. 건조기를 70도로 맞춘 후 7시간 정도 건조시키면 완성입니다.

Making Homemade Natural Food For Dog

Recipe
11

닭 근위 저키
CHICKEN PROXIMAL JERKY

냉동 보관: 2개월 이내 급여   냉장 보관: 1주일 이내 급여

준비물(완성 후 250g)

닭 근위 600g,
식초 1큰술,
우유

조리법

1. 닭 근위를 식초 물에 넣어 소독합니다.

2. 식초 물을 버리고 닭 근위를 우유에 30분 정도 담가 잡내를 없애줍니다.

3. 우유를 따라내고 페이퍼 타월로 물기를 제거합니다.

4. 건조기를 70도로 맞춘 후 7시간 정도 건조시키면 완성입니다.

PART 2

Recipe 12

닭 목 저키
CHICKEN NECK JERKY

냉동 보관: 2개월 이내 급여   냉장 보관: 1주일 이내 급여

준비물(완성 후 260g)

닭 목 500g,
밀가루,
식초 1큰술,
우유

조리법

1. 닭 목을 밀가루로 문질러 가며 세척합니다.
2. 세척한 닭 목을 식초 물에 소독한 후 우유에 한 번 더 담가 잡내를 없애줍니다.
3. 건조기에서 50도로 12시간 정도 건조시키면 완성입니다.

Dr's Talk

닭 부위를 주 재료로 만든 간식은 주로 단백질을 공급하는 역할을 한다. 그러나 영양소보다는 먹는 즐거움을 제공하는 역할이 더 큰 것이 간식이다. 다만 닭에 대한 알레르기 반응을 보이면 급여하지 말아야 한다.

CHAPTER 7

special meal

힘이 불끈, 특식

강아지도 기운이 없고 몸이 안 좋은 날이 있기 마련
그런 날에는 힘이 불끈 나는 특식을 만들어 주자!

story 07

"예방접종 하는 날은 기운이 없어요"

마카롱's say

으아아앙ㅠㅠ 밖에 나간다고 해서 완전 신났는데…. 배신도 이런 배신이 없어요!!!!!!!!!! 엄마가 갑자기 나를 흰옷 입은 아저씨에게 맡겼고, 그 아저씨는 내 목 뒤에… 으아아앙!!!! 뽀족한 무언가를 쿡 찔렀어요!!!! 아파도 너무 아파요!!!!!!!!!!!!!!! 엄마가 너무 미운 날이에요.

재경's say

예방접종이 다 끝나지 않아 외출할 수 없었던 아가 시절, 카롱이에게 허락된 유일한 외출은 바로 병원 나들이었다. '병원'이 어떤 곳인지 인지하지 못했을 때라 카롱이는 병원에 들어가는 것도 매우 신나 했다. 하지만 접종 횟수가 늘어감에 따라 병원이 카롱이에게는 '마냥 기분 좋지만은 않은 곳'으로 인식된 것 같다. 새로운 친구들을 만날 수 있어 신났지만, 의사 선생님을 만나고 나면 두려움과 고통이 뒤따르기 때문이었나 보다.
아, 카롱이는 엄살이 너무 심하다! 아가 때도 지금도! 선생님이 주사를 놓기도 전부터 주사가 싫다고 낑낑거린다. 처음에는 너무 안쓰러웠는데 이제는 카롱이의 연기력에 박수를 쳐주고 싶을 정도다. 그래도 병원에 다녀온 후 집에서 풀 죽어 있는 모습을 보면 마음이 아프다. 그래서 카롱이에게 기운을 주고 싶어 병원 다녀온 날이면 특식을 만들어 주곤 한다!

Making Homemade Natural Food For Dog

Recipe
13

힘내 단호박 단지
Pumpkin Pot

냉장 보관: 2일 이내 급여(조리를 끝내고 한 김 식힌 후 바로 급여하길 권장함)

준비물(완성 후 600g)

미니 단호박 1개,
돼지고기·소고기·닭고기 중 선택 20g,
무 5g,
당근 5g,
달걀 1개
(냉장고 사정에 따라 브로콜리, 우엉, 파프리카 등 다른 재료로 만들어 주어도 무방함)

조리법

1. 미니 단호박의 윗부분을 잘라 뚜껑을 만들고, 호박 안의 씨를 제거합니다.
2. 고기와 무, 당근은 강아지가 먹기 좋은 크기로 자르거나 분쇄기로 갈아 주세요.
3. 고기와 무, 당근, 달걀을 잘 섞은 후 단호박 안에 넣어 주세요.
 (사람용에는 소금 한 꼬집과 후추를 넣어 주세요.)
4. 속을 채운 단호박을 20분간 찌면 완성!

단호박 단지 시리즈는 사람이 먹어도 보양식으로 손색없다. 사람이 먹을 때는 미니 단호박이 아닌 보통 크기의 단호박에 계량을 두 배로 해서 조리하면 된다. 또한 고기 재료를 소고기, 닭고기, 돼지고기 등으로 바꿔 만들면 한 가지 레시피로 각기 다른 특식을 완성할 수 있다. 연어나 오리 가슴살로 만들어도 좋다.

Dr's Talk

각종 고기를 재료로 활용함으로써 다양한 단백질원을 제공할 수 있어 에너지 보충이 가능하다. 한 가지 고기만 사용하는 것보다 여러 고기를 적당량 섞어 사용하는 것이 강아지의 에너지 보충에 효과적이다. 다만 간질환이 있는 경우 단호박과 당근에 함유된 비타민 A의 섭취를 피해야 하기 때문에 먹이지 않는 것이 좋다.

PART 2

호랑이 기운이 솟는 죽
PORRidGE

냉동 보관: 1개월 이내 급여(급여 전 해동) 냉장 보관: 3일 이내 급여

준비물(4kg 마카롱 기준으로 한 끼 분량)

사골 국물 500g,
소고기 100g,
현미 130g,
브로콜리 20g,
당근 20g,
황태 파우더(토핑용 조금),
달걀 1개

조리법

1. 현미는 분쇄기로 갈아서 준비합니다.
2. 냄비에 소고기를 볶다가 사골 국물과 현미를 넣고 끓입니다.
3. 현미가 다 익었을 때쯤 잘게 다진 브로콜리와 당근, 달걀을 풀어서 넣어 주세요.
4. 죽이 완성되면 한 김 식혀 황태 파우더를 올린 뒤 급여합니다.

Dr's Talk

현미에 함유된 비타민 B는 신진대사에 도움을 준다. 알파-리포산의 함유량이 높은 브로콜리는 강력한 항산화 효과가 있어 생기를 돌게 하는 역할을 한다. 따라서 기운이 없는 강아지에게 급여하면 신진대사를 활발하게 해주고, 생기를 돌게 하는 효과를 볼 수 있다.

꿀꿀 스테이크
PORK STEAK

냉동 보관: 1개월 이내 급여   냉장 보관: 3일 이내 급여

준비물(4kg 마카롱 기준으로 한 끼 분량 / 사람이 함께 먹을 때는 두 배로 계량)

돼지고기 200g, 달걀 1개,
고구마 30g, 오트밀 파우더 30g,
황태 파우더 20g, 사과 10g,
표고버섯 5g, 당근 5g,
브로콜리 5g, 파프리카 5g,
올리브유 4큰술
(홍화씨유, 카놀라유
등으로 대체 가능)

조리법

1. 돼지고기는 갈고, 고구마는 푹 익힌 후 으깨어 준비합니다.
2. 당근과 파프리카, 표고버섯은 잘게 썰어 올리브유에 볶아 주세요.
   (분쇄기로 갈아도 됩니다.)
3. 사과는 분쇄기로 갈아 주고, 브로콜리는 끓는 물에 데친 후 분쇄기로 갈아 준비합니다.
4. 모든 재료를 볼에 넣고 잘 섞어 주세요.
   (사람과 함께 먹을 땐 섞은 재료를 두 덩이로 나누고 강아지용은 무염으로, 사람용에는 소금 한 꼬집과 후추를 넣어 주세요.)
5. 찰기가 생길 때까지 손으로 잘 치대 주면서 스테이크 모양을 만들어 주세요.
6. 올리브유를 두른 팬에 익혀 주세요. 스테이크 두께가 두툼한 경우 오븐에서 속까지 충분히 익힙니다.

Dr's Talk

사과의 중심 부분(씨앗 부분)은 강아지에게 해롭기 때문에 사과의 바깥쪽 과육 부분만 갈아 넣는다. 또한 표고버섯과 베타글루칸 함유가 높은 새송이버섯을 함께 사용하면 면역 증진 효과를 높일 수 있다.

Making Homemade Natural Food For Dog

음매 스테이크
BEEF STEAK

냉동 보관: 1개월 이내 급여   냉장 보관: 3일 이내 급여

준비물(4kg 마카롱 기준으로 한 끼 분량 / 사람이 함께 먹을 때는 두 배로 계량)

소고기 200g
(지방이 적은 우둔살, 사태),
달걀 1개, 단호박 30g,
오트밀 파우더 30g,
연어 파우더 20g,
배 10g, 당근 5g,
청경채 5g, 파프리카 5g,
올리브유 4큰술
(홍화씨유, 카놀라유
등으로 대체 가능)

조리법

1. 소고기는 갈고, 단호박은 푹 익힌 후 으깨어 준비합니다.

2. 당근과 파프리카는 잘게 썰어 올리브유에 볶은 후 분쇄기로 갈아 주세요(볶지 않고 조리해도 괜찮아요).

3. 배는 분쇄기로 갈고, 청경채는 끓는 물에 데친 후 분쇄기로 갈아 준비합니다.

4. 모든 재료를 볼에 넣고 잘 섞어 주세요.
   (사람과 함께 먹을 땐 섞은 재료를 두 덩이로 나누고 강아지용은 무염으로, 사람용에는 소금 한 꼬집과 후추를 넣어 주세요.)

5. 찰기가 생길 때까지 손으로 치대며 스테이크 모양을 만들어 주세요.

6. 올리브유를 두른 팬에 익혀 주세요. 스테이크가 두툼하다면 트레이에 옮긴 후 오븐에 넣어 속까지 충분히 익혀 주세요.

소고기를 닭고기, 양고기, 말고기, 메추리고기 등 다른 고기로 대체해 만들어도 좋다. 채소류는 강아지가 먹을 수 있는 범위 내에서 대체 가능하다.

Making Homemade Natural Food For Dog

Recipe 17

달걀을 품은 미트로프
MEAT LOAF with EGG

냉동 보관: 1개월 이내 급여   냉장 보관: 3일 이내 급여

준비물(4kg 마카롱 기준으로 한 끼 분량 / 사람이 함께 먹을 때는 두 배로 계량)

소고기 100g
(지방이 적은 우둔살, 사태),
돼지고기 100g
(지방이 적은 전지, 후지),
달걀 1개, 두부 30g,
파프리카 10g, 당근 10g,
오트밀 파우더 20g,
아스파라거스 1개,
코티지 치즈 10g

조리법

1. 소고기와 돼지고기는 갈고, 두부는 으깨고, 당근과 파프리카는 잘게 썰어 올리브유에 볶은 후 분쇄기로 갈고(볶지 않고 조리해도 괜찮아요), 아스파라거스는 끓는 물에 데친 후 분쇄기로 갈고, 달걀은 삶은 후 껍질을 제거해 준비합니다.

2. 믹싱볼에 코티지 치즈를 제외한 모든 재료를 넣고 잘 섞어 주세요. (사람과 함께 먹을 땐 섞은 재료를 두 덩이로 나누고 강아지용은 무염으로, 사람용에는 소금 한 꼬집과 후추를 넣어 주세요.)

3. 2번의 재료를 손으로 치대어 찰기가 생기면 삶은 달걀을 잘 감싸 주세요.

4. 180도로 예열한 오븐에 1시간 정도 구워 주세요.
   (사람용에는 케첩 또는 토마토소스를 발라 구우면 더욱 맛있어요.)

5. 잘 익은 미트로프 위에 코티지 치즈로 토핑해 주세요. 채소류는 강아지가 먹을 수 있는 범위 내에서 대체 가능합니다.

Dr's Talk

콩팥에 이상이 없다면 노령견일수록 단백질 섭취량을 높이는 것이 건강 관리에 도움이 된다. 나이가 많아질수록 자연스럽게 근육 양이 줄어드는 반려견에게 두부, 소고기 등의 단백질 함유 식품을 급여하면 에너지 양이 많아지고 더불어 근육 감소를 늦추는 효과도 얻을 수 있다.

CHAPTER 6

COOKIES
소풍을 위한 맞춤간식, 쿠키

소풍 가는 날 꼭 필요한 준비물은 당연히
기분을 업시키는 맞춤간식!

story 08

"소풍, 소풍 가요!"

마카롱's say

오늘은 아침부터 엄마가 바빠요! 왜 꽃단장을 하는 거지…? 수상한데요…? 어어… 엄마가 나도 꽃단장을 해주고 있어요! 아 차가워! 엄마가 내 등에 이상한 걸 뿌렸어요!! 뭐지…? 아무튼 오늘은 좀 이상한 날이에요!!!

재경's say

"오늘은 놀러 갈 거란다~!" 놀러 가는 날은 카롱이 등에 외부 기생충 약을 발라 준다. 날씨가 따뜻해 진드기도 많아지고 우리 못지않게 벌레들도 신나 있기 때문에 외부 기생충 약은 필수! 그리고 평소 산책하던 코스보다 더 멀리 나갈 예정이라 차를 좀 더 오래 타야 하니까 밥은 목적지에 도착한 후에 주기로 했다. 배고파도 조금만 참아, 마카롱!
평소 동네나 한강, 공원을 산책할 때는 늘 목줄을 해야 하는데, 그것이 항상 마음에 걸렸다. 물론 목줄을 하고도 카롱이는 매우 신나 했지만 목줄 없이 원하는 만큼 실컷 달리게 해주고 싶었다. 그래서 휴일을 이용해 강아지 공원에 가기로 결정! 생각만 해도 내가 더 신난다! 그곳에 가면 카롱이가 목줄 없이 자유롭게 놀아도 되니 말이다. 맛있는 밥도, 간식도 잔뜩 챙겼다. 우리 가서 신나게 놀자, 마카롱!!

Making Homemade Natural Food For Dog

Recipe 18

황태 쿠키
DRIED POLLACK COOKIE

냉동 보관: 2개월 이내 급여   냉장 보관: 1주일 이내 급여

준비물(완성 후 150g)

황태 파우더 30g,
병아리콩 파우더 20g,
박력분 60g,
우유 3큰술,
올리브유 1큰술,
달걀 물

조리법

1. 믹싱볼에 황태 파우더, 병아리콩 파우더, 박력분, 우유, 올리브유를 넣고 잘 섞어 주세요.
2. 비닐팩에 반죽을 담아 냉장실에서 30분간 휴지시킵니다.
3. 트레이에 유산지를 깔고 휴지시킨 반죽을 먹기 좋은 크기로 나누어 줍니다.
4. 나눈 반죽을 적당한 모양으로 만들어 175도로 예열한 오븐에 넣고 10분간 구워 줍니다.
5. 구운 쿠키 위에 브러시로 달걀 물을 발라 10분간 더 구워 줍니다. 완성된 쿠키를 식힘 망에 놓고 충분히 식히고 나서 급여합니다.

PART 2

Recipe
19

고구마 쿠키
SWEET POTATO COOKIE

냉동 보관: 2개월 이내 급여   냉장 보관: 1주일 이내 급여

준비물(완성 후 150g)

삶은 고구마 100g,
병아리콩 파우더 20g,
박력분 60g,
달걀 1개, 우유 1큰술,
올리브유 1큰술,
자색 고구마 가루 조금

조리법

1. 믹싱볼에 준비한 재료를 모두 넣고 잘 섞어 주세요. 이때 달걀은 노른자만 넣습니다.

2. 반죽을 원기둥 모양으로 만들어 랩을 씌운 후 냉장실에서 30분간 휴지시킵니다.

3. 휴지시킨 반죽에 남은 달걀 흰자를 발라 줍니다.

4. 넓적한 그릇에 자색 고구마 가루를 뿌리고 흰자를 바른 반죽을 굴려 주세요.

5. 칼로 반죽을 0.5cm 두께로 잘라 주세요.

6. 자른 반죽을 180도로 예열한 오븐에 10분간 구워 주면 고구마 쿠키 완성!

Making Homemade Natural Food For Dog

치즈 쿠키
CHEESE COOKIE

냉동 보관: 2개월 이내 급여   냉장 보관: 1주일 이내 급여

준비물(완성 후 150g)

코티지 치즈 60g,
달걀 노른자,
파르메산 치즈 파우더 20g,
박력분 120g, 우유 1큰술,
올리브유 1큰술

조리법

1. 믹싱볼에 준비한 재료를 모두 넣고 잘 섞어 주세요.
2. 반죽을 원기둥 모양으로 만들어 랩을 씌운 후 냉장실에서 30분간 휴지시킵니다.
3. 휴지시킨 반죽을 0.5cm 두께로 잘라 주세요.
4. 170도로 예열한 오븐에 10분간 구워 주면 완성입니다.

Making Homemade Natural Food For Dog

단호박 쿠키
SWEET PUMPKIN COOKIE

냉동 보관: 2개월 이내 급여   냉장 보관: 1주일 이내 급여

준비물(완성 후 200g)

삶은 단호박 120g,
박력분 80g,
병아리콩 파우더 20g,
쌀가루 50g, 우유 3큰술,
올리브유 2큰술,
달걀 1개

조리법

1. 믹싱볼에 준비한 재료를 모두 넣고 잘 섞어 주세요.
2. 반죽을 비닐팩에 담아 냉장실에서 30분간 휴지시킵니다.
3. 휴지시킨 반죽을 짤주머니에 담습니다.
4. 오븐팬에 유산지를 깔고 한 입에 먹기 좋은 크기로 짜주세요.
5. 180도로 예열한 오븐에 10분간 구워 주면 완성입니다.

Recipe
22

연어 쿠키
Salmon Cookie

냉동 보관: 2개월 이내 급여   냉장 보관: 1주일 이내 급여

준비물(완성 후 140g)

연어 파우더 40g, 박력분 50g,
닭 파우더 20g, 달걀 1개,
올리브유 2큰술,
달걀 물

조리법

1. 큰 믹싱볼에 박력분, 연어 파우더, 닭 파우더, 달걀, 올리브유를 넣고 잘 섞어 주세요.
2. 섞은 반죽을 랩으로 싸서 냉장실에서 30분간 휴지시킵니다.
3. 휴지시킨 반죽을 먹기 좋은 크기로 만들어 트레이에 담아 주세요.
4. 완성된 쿠키 반죽에 달걀 물을 바른 뒤 180도로 예열한 오븐에 10분간 구워 주면 완성입니다.

Recipe
23

음매칩 쿠키
BEEF COOKIE

냉동 보관: 2개월 이내 급여   냉장 보관: 1주일 이내 급여

준비물(완성 후 140g)

박력분 50g, 소고기 파우더 30g,
황태 파우더 20g, 달걀 1개,
올리브유 2큰술,
사태 또는 소간 조금(장식용)

조리법

1. 큰 믹싱볼에 파우더류와 달걀, 올리브유를 넣고 잘 섞어 주세요.
2. 섞은 반죽을 랩으로 싸서 냉장실에서 30분간 휴지시킵니다.
3. 오븐 트레이에 먹기 좋은 크기로 반죽을 잘라 모양을 잡고, 그 위에 사태나 소간을 올려 주세요.
4. 180도로 예열한 오븐에 10분간 구워 주면 완성입니다.

Recipe
24

멸치 쿠키
ANCHOVY COOKIE

냉동 보관: 2개월 이내 급여   냉장 보관: 1주일 이내 급여

준비물(완성 후 120g)

박력분 70g, 멸치 파우더 30g,
달걀 1개, 올리브유 2큰술

조리법

1. 믹싱볼에 모든 재료를 넣고 섞어 주세요.
2. 섞은 반죽을 랩으로 싸서 냉장실에서 30분간 휴지시킵니다.
3. 휴지시킨 반죽을 밀대로 밀고 쿠키 커터로 모양을 만들어 주세요.
   포크를 이용해 표면을 콕콕 찍어 주면 더욱 먹음직스러워 보입니다.
4. 트레이 위에 옮겨 담아 180도로 예열된 오븐에 8분간 구워 주면 완성입니다.

Recipe 25

꼬꼬 쿠키
CHICKEN COOKIE

냉동 보관: 2개월 이내 급여   냉장 보관: 1주일 이내 급여

준비물(완성 후 140g)

박력분 50g, 닭 파우더 30g,
황태 파우더 20g, 달걀 1개,
올리브유 2큰술

소리법

1. 큰 믹싱볼에 재료를 모두 넣고 잘 섞어 주세요.
2. 섞은 반죽을 랩으로 싸서 냉장실에서 30분간 휴지시킵니다.
3. 휴지시킨 반죽을 밀대로 밀고 먹기 좋은 크기로 잘라 트레이에 담아 주세요.
4. 180도로 예열된 오븐에 10분간 구워 주면 완성입니다.

반려견과 여행을 떠날 때는 이렇게 하세요!

마카롱's say

어제부터 엄마가 아주 신나 있어요! 콧노래를 흥얼거리지 않나, 갑자기 엉덩이를 씰룩거리며 춤을 추지 않나! 엄마에게 뭔가 일이 있는 게 분명해요! 어……?
엄마가 내 도시락 가방을 들고 간식이랑 밥을 싸고 있어요!! 오오오오오, 무슨 일이지?
신나는 일이 벌어질 게 분명해요. 오예!!!

재경's say

"떠나요~ 둘이서~ 모든 걸 훌훌 버리고~ 제주도 푸른 밤 그 별 아래~"
내일 마카롱과 함께 제주도로 떠난다. 드디어 카롱이와 떠나는 첫 번째 여행이다. 차를 타고 서울 근교로 소풍을 다녀온 적은 있어도 비행기를 타고 떠나는 여행은 나와 카롱이에게 처음이라 더욱 설렌다. 그러나 설레는 마음만큼 걱정도 많다. 카롱이와 함께 제주 바다를 보면 너무 좋을 것 같아서 떠나기로 결정했지만 과연 무사히 제주도에 도착할 수 있을지 불안하다.
다행히 카롱이는 몸무게가 4kg이어서 나와 함께 기내에 탑승할 수 있다. 내가 처음 비행기를 탔을 때를 생각해 보면 두려웠다는 기억이 먼저 떠오른다. 귀는 아프지, 이륙하고 착륙할 때 소리도 무섭지, 덜컹거리는 게 갑자기 비행기가 추락하면 어쩌지라는 생각까지 들었을 정도다. 그래서 내 생에 첫 비행에 대한 기억이 좋지만은 않다.
혹시 모를 카롱이의 두려움 극복을 위해 준비한 비장의 카드가 있다! 바로 마카롱이 가장 사랑하는 우족!!! 이 작전을 성공시키기 위해 밥은 비행기에서 내린 후에 줄 예정이다. 멀미를 하지 않을까 걱정되었지만 조금 배고픈 상태여야 우족에 집중할 수 있을 것 같았다. 결과적으로 작전은 매우 만족스러웠다. 이제부터는 제주도에서 신나게 놀 일만 남았다.
아, 일단 밥부터 먹고!

1. 생식을 주식으로 먹는 마카롱. 가까운 국내 여행을 할 때는 아이스팩을 넣어 얼린 도시락을 준비한다. 숙소에 도착하자마자 냉동실로 고고! 이후 해동해서 급여한다.
2. 거리가 멀거나 아이스팩을 구하기 어려울 때는 수제 사료를 준비한다. 앞서 소개한 수제 사료는 생식을 급여하기 어려울 때 대체하기 좋은 식단이다.
3. 차로 장거리 이동을 하거나 비행기를 타게 될 경우에는 오래 물고 뜯고 맛볼 수 있는 간식 위주로 챙겨 갈 것! 마카롱은 늘 우족 하나면 오케이!

CHAPTER 9

Special day, Birthday
특별한 날, 생일

마카롱이 세상에 태어난 날, 누구보다 축하해 주고 싶은 날
특별한 음식이 제격!

story 09

"오늘은 마카롱 생일이에요"

마카롱's say

꺄아아아아! 오늘 무슨 특별한 날인가 봐요!!! 어젯밤부터 엄마는 계속 맛있는 음식을 만들고 있고, 지금은 산책 나갈 준비를 하고 있어요! 난 꼬까옷을 입고 목에는 손수건도 둘렀어요! 으히히히! 양손 가득 맛난 음식을 들고 외출이라니!! 오늘은 내 생에 가장 행복한 날이 될 것 같은 느낌이에요!

재경's say

카롱이의 첫 번째 생일이 다가오자 머릿속이 새하얘졌다. 카롱이의 첫 생일을 축하하고 싶은 마음에 무얼 해주면 좋을지 고민이 가득했다. 나의 선택은 카롱이가 좋아하는 재료들을 왕창 넣은 생일 케이크와 친구들과 나눠 먹기 좋은 타르트를 만들어 주는 것! 그리고 카롱이 몰래 깜짝 선물도 준비했다!
바로 바로 카롱이의 이름이 새겨진 목걸이! 평소 쓰던 목걸이가 조금 뻣뻣하고 줄이 얇아서 갑자기 달려 나가거나 줄의 길이가 다 되었을 때 목에 무리가 가지 않을까 걱정되던 참이라 더 부드럽고 폭이 넓은 목줄을 만들었다! 카롱이가 좋아해 줬으면 좋겠다!

Making Homemade Natural Food For Dog

Recipe 26

생일 케이크
Birthday Cake

냉장 보관: 2일 이내 급여

준비물

무스 틀 원형 1호,
분쇄된 소고기 150g,
고구마 60g,
바나나 1개(100g),
당근 10g, 닭 파우더 20g,
황태 파우더 20g,
연어 파우더 20g

조리법

1. 고구마를 삶아서 껍질을 제거한 후 으깨어 주세요.
2. 당근과 소고기는 잘게 썰어 기름을 두른 팬에 함께 볶아 주세요.
3. 바나나를 으깬 후 볶은 당근과 소고기를 넣어 잘 섞어 주세요.
4. 무스 틀 안쪽에 무스 띠를 둘러 주세요.
5. 케이크 판 위에 무스 틀을 올려놓고 무스 틀의 1/3 높이만큼 고구마 무스를 담아 주세요.
6. 고구마 무스 위에 한 김 식힌 볶은 당근과 소고기를 넣고 으깬 바나나를 2/3 높이 만큼 담아 주세요.
7. 6번 위에 고구마 무스를 한 번 더 올려 주세요.
8. 한 김 식힌 후 무스 틀을 유지한 채 2~3시간 냉장실에 넣어 굳혀 주세요.
9. 케이크 형태가 무너지지 않게 주의하며 조심스럽게 무스 틀을 떼어 냅니다.
10. 닭 파우더, 황태 파우더, 연어 파우더 등을 토핑으로 올려 주면 완성!

Jaekyung's Talk

재료를 담을 때 꼭꼭 눌러 담아야 무스 틀을 제거했을 때 케이크 모양을 온전하게 유지할 수 있다.

PART 2

Recipe
27

타르트지
tarte

냉동 보관: 1개월 이내 급여

준비물

타르트 틀 1호,
박력분 130g,
달걀 1개,
카놀라유 30g

조리법

1. 믹싱볼에 모든 재료를 넣고 섞어 주세요.
2. 섞은 반죽을 랩으로 싸서 냉장실에서 30분간 휴지시킵니다.
3. 밀대로 반죽을 0.5cm 두께로 밀어 주세요.
4. 타르트 틀에 카놀라유를 꼼꼼하게 바른 후 반죽을 넣어 주세요.
5. 손가락으로 반죽을 틀에 잘 밀착시켜 주세요.
6. 포크를 이용해 반죽 바닥에 숨구멍을 냅니다.
7. 170도로 예열된 오븐에 8분간 구워 주면 완성입니다.

타르트지는 어떤 파우더를 첨가하느냐에 따라 다양한 맛과 영양소를 공급할 수 있다. 기본 준비물에 현미 파우더를 넣으면 현미 타르트지, 닭 파우더를 넣으면 꼬꼬 타르트지, 소고기 파우더를 넣으면 음매 타르트지, 황태 파우더를 넣으면 황태 타르트지가 완성된다.

Jaekyung's Talk

시간이 날 때 타르트지 반죽을 넉넉히 만들어 냉동 보관해 놓고 필요할 때마다 해동해 오븐에 구우면 조리 시간이 단축돼, 특별한 날이 아니라 평소에도 부담 없이 타르트를 만들 수 있다.

Making Homemade Natural Food For Dog

Recipe 28

파인애플 타르트
PINEAPPLE TARTE

냉동 보관: 2개월 이내 급여   냉장 보관: 3일 이내 급여

준비물

파인애플 슬라이스 1개,
건조시킨 코코넛 슬라이스 20g,
고구마 250g,
타르트지

조리법

1. 고구마를 삶아 주세요.
2. 삶은 고구마가 식기 전에 잘 으깨어 무스로 만들어 주세요.
3. 미리 만들어 놓은 타르트지에 고구마 무스를 눌러 담습니다.
4. 무스 위에 파인애플과 코코넛을 얹어 주세요.
5. 170도로 예열된 오븐에 10분간 구워 주면 완성입니다.

Jaekyung's Talk

고구마에는 수분을 끌어당기는 역할을 하는 식이섬유가 많이 함유되어 있어 장 기능이 약하거나 설사, 변비로 고생하는 반려견에서 특별식으로 만들어 주면 좋다.

Making Homemade Natural Food For Dog

Recipe
29

채소 타르트
VEGEtablE tARtE

냉동 보관: 2개월 이내 급여   냉장 보관: 3일 이내 급여

준비물

두부 50g,
애호박 15g,
당근 15g,
새송이버섯 15g,
달걀 1개,
단호박 30g,
타르트지

조리법

1. 단호박을 삶아 주세요.
2. 삶은 단호박이 식기 전에 잘 으깨어 무스로 만들어 주세요.
3. 미리 만들어 놓은 타르트지에 단호박 무스를 눌러 담습니다.
4. 두부, 애호박, 당근, 새송이버섯을 먹기 좋은 크기로 잘라 주세요.
5. 믹싱볼에 채소들과 달걀을 넣어 잘 섞어 주세요.
6. 무스 위에 섞은 채소들을 올린 후 170도로 예열된 오븐에 10분간 구워 주면 완성입니다.

PART 2

Recipe
30

음매 타르트

냉동 보관: 2개월 이내 급여   냉장 보관: 3일 이내 급여

준비물

소고기 80g,
단호박 50g,
브로콜리 10g,
타르트지

조리법

1. 단호박을 삶아 주세요.
2. 삶은 단호박이 식기 전에 잘 으깨어 무스로 만들어 주세요.
3. 소고기와 브로콜리를 먹기 좋은 크기로 잘라 줍니다.
4. 무스와 고기, 브로콜리를 잘 섞은 후 미리 만들어 놓은 타르트지에 담아 주세요.
5. 170도로 예열된 오븐에 10분간 구워 주면 완성입니다.

PART 2

꼬꼬 타르트
CHICKEN TARTE

냉동 보관: 2개월 이내 급여   냉장 보관: 3일 이내 급여

준비물

닭 가슴살 70g,
파프리카 1작은술,
브로콜리 1작은술,
당근 1작은술,
고구마 50g,
타르트지

조리법

1. 고구마를 삶아 주세요.
2. 삶은 고구마가 식기 전에 잘 으깨어 무스로 만들어 주세요.
3. 닭 가슴살과 파프리카, 브로콜리, 당근을 먹기 좋은 크기로 잘라 줍니다.
4. 무스와 고기, 채소를 잘 섞은 후 미리 만들어 놓은 타르트지에 담아 주세요.
5. 170도로 예열된 오븐에 10분간 구워 주면 완성입니다.

연어 타르트
salmon tarte

냉동 보관: 2개월 이내 급여 냉장 보관: 3일 이내 급여

준비물

연어 80g,
달걀 2개,
당근 1작은술,
브로콜리 1작은술,
타르트지

조리법

1. 연어를 먹기 좋은 크기로 잘라 주세요.
2. 브로콜리와 당근은 잘게 다져 주세요.
3. 믹싱볼에 연어와 브로콜리, 당근, 달걀을 넣어 잘 섞어 주세요.
4. 3번을 준비된 타르트지에 담아 주세요.
5. 170도로 예열된 오븐에 10분간 구워 주면 완성입니다.

Dr's Talk

특이 질병이 없는 노령견에게 연어는 특히 도움이 되는 식품이다. 오메가 3의 함량이 다른 단백질원보다 높아 혈류 개선과 항염증 효과를 얻을 수 있다. 스트레스를 많이 받았을 때 연어를 급여하면 도움이 된다.

Making Homemade Natural Food For Dog

Recipe 33

바나나 블루베리 비스코티
Banana blueberry biscotti

냉동 보관: 2개월 이내 급여   냉장 보관: 1주일 이내 급여

준비물(완성 후 200g)

바나나 1개,
올리브유 2큰술,
오트밀 파우더 100g,
쌀가루 100g,
블루베리 30g,
달걀 1개

조리법

1. 믹싱볼에 달걀을 넣고 거품기로 풀어 줍니다.
2. 으깬 바나나에 올리브유를 넣고 1번과 섞어 주세요.
3. 2번에 오트밀 파우더, 쌀가루를 넣고 날가루가 보이지 않을 때까지 섞어 줍니다.
4. 3번에 블루베리를 넣은 후 한 번 더 섞어 주세요.
5. 유산지를 깔아놓은 쿠키 팬 위에 방지턱 모양으로 반죽을 만들고 비닐을 덮어 냉장실에서 30분간 휴지시킵니다.
6. 휴지시킨 반죽을 175도로 예열된 오븐에 30분간 구워 주세요.
7. 구워진 비스코티를 식힌 후 칼을 이용해 1.5cm 정도 두께로 잘라 주세요.
8. 자른 비스코티는 쿠키 팬에 다시 놓고 170도로 예열된 오븐에 15분간 더 구우면 완성입니다.

Jaekyung's Talk

블루베리는 항산화 영양소 폴리페놀의 일종인 레스베라트롤 (Resveratrol)을 함유하고 있어 눈 건강에 도움이 되는 식품이다. 또한 노화를 예방하는 효과도 있다.

Making Homemade Natural Food For Dog

Recipe 34

코코넛 볼
coconut ball

냉동 보관: 1개월 이내 급여   냉장 보관: 3일 이내 급여

준비물(완성 후 250g)

삶은 고구마 200g,
코코넛 슬라이스 100g

조리법

1. 고구마를 삶아 껍질을 제거합니다.
2. 삶은 고구마가 식기 전에 으깨어 주세요.
3. 으깬 고구마에 코코넛 슬라이스 80g을 넣고 잘 섞어 주세요.
4. 남은 코코넛 슬라이스를 넓적한 그릇에 펼쳐 주세요.
5. 코코넛 슬라이스와 고구마 무스 섞은 것을 먹기 좋은 크기로 모양을 잡고 펼친 코코넛 슬라이스 위에서 굴려 주세요.
6. 170도로 예열된 오븐에 15분간 구워 주면 완성입니다.

시나몬 가루와 설탕을 솔솔 뿌리면
사람이 먹어도 맛있다.

Dr's Talk

코코넛에는 중쇄지방산 MCT의 함유량이 많아 비만 관리와 예방에 도움이 된다. 또한 어떤 질병이 있어도 먹을 수 있는 안전한 식품 중 하나다. 따라서 코코넛을 활용하면 어떤 반려견이라도 안심하고 먹일 수 있는 간식을 완성할 수 있다.

CHAPTER 10

stamina health food

환절기 대비 보양식

계절이 바뀌는 환절기에는 강아지도 감기에 걸리거나 기운이 없기 마련
이때는 영양 만점 엄마표 보양식이 필요하다!

+
story 10

"환절기 싫어! 감기도 싫어!"

마카롱's say

엄마, 왜 이렇게 코가 건조할까요…? 자꾸 코딱지가 생겨요ㅠㅠ 어어어…? 이제는 콧물까지 나요. 으아아앙 숨 쉬는 게 불편해요!!! 싫다! 아아아아아아아ㅠㅠ 겨드랑이도 간지러운 것 같고, 몸도 으슬으슬 추운 것 같고, 나 어디 아픈 거예요, 엄마…?

재경's say

이런, 환절기라 그런지 카롱이가 훌쩍거리기 시작했다. 아직 가볍게 코를 훌쩍거리는 상태라 병원에 가는 것보다는 카롱이에게 호랑이 기운이 솟는 밥을 만들어 주기로 결정! 영양이 듬뿍 담긴 밥 먹고 힘내 보자! 알겠지? 이럴 때일수록 더 잘 먹어야 해!

Making Homemade Natural Food For Dog

Recipe 35

배 주스
PEAR JUICE

냉장 보관: 바로 급여하길 권장

준비물

배 1개,
말린 대추 1g,
생강 1g

조리법

1. 깨끗하게 씻은 배의 윗부분을 가로로 자른다(뚜껑부분).
2. 잘라낸 배의 밑부분 속을 파낸다. 그릇이 될 부분이기에 두께가 너무 얇지 않도록 주의한다(그릇부분).
3. 파낸 속살은 씨를 제거한 후 생강, 대추와 함께 다시 파낸 배 그릇에 담는다.
4. 배 그릇에 1에서 만든 뚜껑을 덮은 뒤 그릇에 담아 물이 담긴 냄비에 넣는다.
5. 약한 불에서 1시간~1시간 30분 정도 익혀 준다.
6. 익힌 배에서 나온 주스를 식힌 후 급여한다.

Dr's Talk

배에는 비타민 C와 항산화 영양소가 다량 함유되어 있다.
따라서 배 주스를 급여하면 반려견은 비타민과 수분, 식이섬유를
다량 섭취할 수 있다. 이는 체내에서 스트레스로 말미암아
생긴 활성산소를 중화시키는 역할을 한다. 자연적으로 간에서
만들어지는 성분이지만 노화, 간질환, 심부전이 있는 반려견의
경우 자연 생성 기능이 저하될 수밖에 없다. 그때 주기적으로 배
주스를 먹이면 도움이 된다. 또한 바이러스로 면역력이 약해졌을
때도 효과를 볼 수 있다.

PART 2

Recipe
36

테라볼(찰랑이는 머릿결 볼)

냉동 보관: 2개월 이내 급여

준비물

테라코트 60일 급여 분량,
영양제(마이뷰 스킨 30g,
뉴트리 플러스 겔 10g),
반려견이 좋아하는 파우더 30g

조리법

1. 믹싱볼에 테라코트와 영양제를 넣고 잘 섞어 주세요.
   (카롱이는 마이뷰 스킨과 뉴트리 플러스 겔을 넣어서 만들어 줍니다.)

2. 섞은 영양제를 60등분합니다. 이때 얼음 큐브 또는 마늘 큐브를 이용해 나눠 주면 편해요. 만약 섞은 영양제가 너무 묽어 나누기 어렵다면 냉동실에서 살짝 얼려 주어도 괜찮습니다.

3. 넓적한 그릇에 반려견이 좋아하는 파우더를 펼쳐 놓고 소분한 영양제를 굴려 주세요. 이렇게 하면 서로 달라붙지 않습니다.

4. 완성되면 냉동 보관합니다.

Jaekyung's Talk

반려견의 피부에 영향을 주는 영양소는 오메가 6, 아연, 비타민 A와 단백질이다. 마이뷰 스킨에는 오메가 6가, 뉴트리 플러스 겔에는 미네랄과 비타민, 아연이 함유되어 있다. 황태 파우더와 닭 파우더로 단백질까지 더하면 피부로 고생하는 반려견을 위한 맞춤간식이 완성된다.

PART 2

Recipe
37

속 편한 죽
PORRidGE

냉동 보관: 1개월 이내 급여(급여 전 해동) 냉장 보관: 3일 이내 급여

준비물(완성 후 450g)

비지 300g,
무 50g,
닭 안심 50g,
오트밀 파우더 50g,
배추 30g,
물 100g

조리법

1. 냄비에 물을 붓고 닭 안심을 삶아 주세요.
2. 안심이 다 익으면 건져 한 김 식혀 주세요.
3. 닭 안심을 끓인 물에 비지와 오트밀, 작게 자른 무와 배추를 넣고 끓여 줍니다.
4. 식힌 닭 안심을 먹기 좋은 크기로 찢어 주세요.
5. 끓인 죽에 닭 안심을 넣고 잘 식히면 완성입니다.

Making Homemade Natural Food For Dog

더위야 물러가라 아이스크림
ICECREAM

준비물

사과 아이스크림
사과 1/2개, 사과 주스

블루베리 아이스크림
락토프리 펫밀크 200ml,
블루베리 1큰술,
달걀 노른자 1개

딸기 아이스크림
락토프리 펫밀크 200ml,
딸기 1개

수박 아이스크림
수박 1쪽, 키위 2쪽

조리법

사과 아이스크림

1. 사과를 갈아 주세요.
2. 갈은 사과와 사과 주스를 섞어 주세요. (식감을 위해 사과 조각을 넣어주어도 좋습니다.)
3. 아이스크림 틀에 넣고 냉동실에서 2시간 이상 얼려 주세요.

블루베리 아이스크림

1. 펫밀크에 달걀 노른자와 블루베리를 으깨어 넣고 잘 섞어 주세요.
2. 아이스크림 틀에 넣고 냉동실에서 2시간 이상 얼려 주세요.

딸기 아이스크림

1. 펫밀크에 딸기를 으깨어 넣고 잘 섞어 주세요.
2. 아이스크림 틀에 넣고 냉동실에서 2시간 이상 얼려 주세요.

수박 아이스크림

1. 수박을 으깨어 주세요.
2. 으깬 수박 주스에 키위를 잘라 넣어 주세요.
3. 아이스크림 틀에 넣고 냉동실에서 2시간 이상 얼려 주세요.

Making Homemade Natural Food For Dog

Recipe 39

추위야 물러가라 스튜
Winter Stew

냉장 보관: 3일 이내 급여

준비물(완성 후 350g)

닭고기 120g,
당근 30g,
파프리카 20g,
애호박 30g,
고구마 80g,
물 220g,
올리브유 2큰술,

조리법

1. 냄비에 올리브유를 두르고 닭고기를 볶아 주세요.
2. 당근, 파프리카, 애호박, 고구마를 잘게 썰어 함께 넣고 볶아 주세요.
3. 재료를 볶던 냄비에 물을 넣고 끓여 줍니다.
4. 물이 끓으면 완성입니다.

Dr's Talk

날씨가 추우면 에너지 요구량이 많아질 수밖에 없다. 몸의 체온을 유지하기 위해 많은 에너지를 쓰기 때문이다. 따뜻한 성질을 가진 닭고기를 급여하면 기운을 북돋아 줄 뿐 아니라 컨디션 회복에도 도움이 된다. 레티놀 성분의 함유량이 많아서 면역력 향상, 질병 예방에도 좋다.

EPILOGUE

반려견과의
행복한 삶을 위하여!

에필로그

시간을 조금 거슬러 올라가(조금일 뿐이다. 정말) 중학생일 때 이웃도, 학교 친구도, 가까운 주변 사람 대부분이 반려동물을 키웠다. 어린 마음에 친구들이 부러웠고, TV에서 보여주는 해맑은 동물들의 모습에 꼭 반려견을 키우고 싶다고 생각했다. 그 마음은 애견 백과사전 한 권을 전부 외워 버릴 만큼 아주 간절했다. 지금 생각해 보니 그때 나는 강아지를 반려동물이라기보다 애완동물로 생각했던 것 같지만….

동물이 좋아서 동물과 시간을 보낼 수 있는 직업을 고민했고, 장래희망으로 꿈꾸기도 했다. 그때 찾은 직업이 '수의사'다. 그러나 수의사가 되면 건강하고 예쁜 동물보다 아프고 힘들어 하는 동물과 함께하는 시간이 더 많다는 사실을 알게 되었다. 수의사도 의사라서 피를 마주해야 한다는 사실까지 알고 나서는 꿈을 접었다. 무섭고 두렵다는 핑계로 접을 수 있을 만큼만 간절한 꿈이었던 셈이다. 그만큼 작은 그릇을 가진 철없는 나이기도 했고. 조심스럽게 또 하나의 핑계를 대자면 나는 전형적인 문과 두뇌의 소유자였다. 그럼에도 강아지가 너무 좋아서 당장 강아지와 함께하고 싶은 마음뿐이었다. 그래서 그 나이에 딱 맞는 방법을 썼다. 철없는 소녀의 끝없는 징징거림이 시작됐고, 결국 할아버지로부터 강아지를 선물 받을 수 있었다. 그렇게 뉴나우서 '보샤'와의 인연이 시작되었다.

그러나 어린 소녀와 포샤의 스토리는 새드앤딩을 맞고 말았다. 강아지와 즐겁게 놀고 목걸이를 만들어 주는 일은 좋았지만 배설물을 치우거나 목욕시키는 것은 부모님께 맡겨 버린 소녀. 반려견을 키우는 스트레스와 책임은 모두 부모님의 몫이 되면서 소녀와 포샤의 스토리는 이별을 향해 달려갈 수밖에 없었다. 포샤를 다른 가정에 보내고 큰 슬픔에 빠졌지만,

EPILOGUE

그 슬픔도 나를 철들게 하진 못했다. 그 후로도 늘 반려견과 함께하는 삶을 꿈꿔 왔으니 말이다.

시간은 흘러 소녀는 숙녀가 되고, 가수라는 꿈도 이루었다. 7년간 매일 바쁘게 가수로 살던 어느 날, 힐링이 되어 줄 존재가 절실히 필요하다는 사실을 깨달았다. 그와 함께 '나의 행복'이라는 고민도 시작됐다. 그 순간 반려견이라는, 오랫동안 가슴속으로만 간직해 오던 꿈이 떠올랐다. 그러나 포샤와 했던 슬픈 이별의 기억 때문에 반려견과의 삶을 주저했고, 꽤 오랜 시간 고민했다. 이번에는 새드앤딩이 아니라 네버앤딩, 해피앤딩 스토리를 만들겠다고 다짐하면서 입양 전 공부도 시작했다. '강아지와 함께 사는 일은 어떤 책임이 따르는지? 나의 수입과 생활 패턴으로 강아지를 키울 수 있는지? 강아지와 함께할 미래는 어떨지?' 등 현실적인 부분까지 충분히 고민하며 2년간의 준비 시간을 보낸 후 드디어 마카롱을 만났다.

사실 지금도 내 삶의 모든 시간을 마카롱에게 쏟겠다는 장담은 할 수 없다. 일을 하기 때문에 24시간, 365일 모든 시간을 함께한다는 것은 현실적으로 불가능한 욕심이라고 생각한다. 그러나 가능한 한 많은 시간을 반려견과 공유하려고 노력하며, 애완동물이 아닌 반려동물로 최대한 많은 마음을 주려고 한다. 마카롱이 내 삶으로 들어온 것은 이렇게 오랜 다짐과 노력이 있었기에 가능했던 일이다. 살다 보면 가치관이 변하거나 삶이 변하는 터닝포인트를 맞게 되었는데, 나에게는 그 순간이 마카롱과 함께 찾아왔다. 삶이 before 마카롱, after 마카롱으로 나뉘는 느낌이랄까.

그만큼 카롱이는 내게 큰 위로와 위안을 주는 존재이자 너무 고마운

에필로그

친구다. 그런 카롱이에게 나는 무엇으로 마음을 전하고 보답할 수 있을까 늘 고민했다. 누군가를 사랑하고 함께 살아가는 방법에 정답은 없지만 조금이라도 좋은 방향으로 가는 길을 찾을 수 있다고 믿었기 때문이다. 그 과정에서 내가 찾은 길은 맛있는 음식을 먹는 즐거움을 느끼게 해주자는 것이었다.

그렇게 마음 하나로 한 장 한 장 차곡차곡 채워 가다 보니 어느새 마지막 페이지를 쓰고 있다. 끝나지 않을 것만 같던 여정이었는데, 에필로그를 쓰고 있으니 이것으로 작업이 끝난다는 것이 비로소 실감 난다. 이 책의 시작은 카롱이와 오랜 시간 행복하게 함께하고 싶다는 마음이었지만 끝을 바라보고 있는 지금, 이 책이 닿은 모든 사람이 반려견과 행복한 하루하루를 보냈으면 좋겠다. 더불어 반려견과의 행복한 생활을 오래 유지할 수 있는 자기만의 방법을 찾기를 바란다.

나 역시 여기서 끝이 아니다. 여전히 현재진행형이다. 지금까지 3년이란 시간을 카롱이와 함께했고, 앞으로도 우리는 수많은 추억을 만들며 꽤 오랜 시간 함께할 것이니 말이다.

마지막으로 나에게 많은 행복과 따스한 영감을 주는 마카롱,
이 책이 완성되기까지 도와주신 많은 이들에게 감사 인사를 전한다.

KI신서 7005
개밥책

1판 1쇄 발행 2017년 5월 25일
1판 3쇄 발행 2020년 1월 13일

지은이 김재경
펴낸이 김영곤
펴낸곳 (주)북이십일 21세기북스

출판사업본부장 정지은
마케팅팀 배상현 김윤희 이현진
영업본부장 한충희 출판영업팀 오서영 윤승환
디자인 장지나 elephantswimming
사진 김재경 잘 스튜디오 땡큐스튜디오 홍승현
제작팀장 이영민 권경민

출판등록 2000년 5월 6일 제406-2003-061호
주소 (10881) 경기도 파주시 회동길 201 (문발동)
대표전화 031-955-2100 팩스 031-955-2151 이메일 book21@book21.co.kr

(주)북이십일 경계를 허무는 콘텐츠 리더

21세기북스 채널에서 도서 정보와 다양한 영상자료, 이벤트를 만나세요!
장강명, 요조가 진행하는 팟캐스트 말랑한 책수다 '책, 이게 뭐라고'
페이스북 facebook.com/jiinpill21   포스트 post.naver.com/21c_editors
인스타그램 instagram.com/jiinpill21   홈페이지 www.book21.com
유튜브 www.youtube.com/book21pub

서울대 가지 않아도 들을 수 있는 명강의! <서가명강>
네이버 오디오클립, 팟빵, 팟캐스트에서 '서가명강'을 검색해보세요!

ⓒ 김재경 2017

ISBN 978-89-509-7050-5 13490

· 책값은 뒤표지에 있습니다.
· 이 책 내용의 일부 또는 전부를 재사용하려면 반드시 (주)북이십일의 동의를 얻어야 합니다.
· 잘못 만들어진 책은 구입하신 서점에서 교환해드립니다.